《企业产品成本核算制度（试行）》讲　解

财政部会计司　编

中国财政经济出版社

文件。其深刻内涵和重大创新如下：

（一）制度设计贯穿了规范化、科学化和信息化管理的基本要求

管理工作事关大局，基础工作关乎成效。加强财政管理与深化财税改革相辅相成。不加快改革，就无法从根本上实施有效的管理；不加强管理，也难以推进改革的有序进行和逐步深化。制定企业产品成本核算制度，从产品成本范围、成本归集、成本分配、成本结转、成本报告各环节入手，将各类企业成本核算的特殊性上升到普遍规律，将普遍规律上升到会计政策，保证了成本制度的科学化；从系统整合分散在各具体会计准则中的成本核算要求入手，统一规范企业产品成本核算方法，保证了成本信息的真实、完整和成本制度的规范化；从加强成本信息化管理入手，要求企业充分利用现代信息技术，编制、执行企业产品成本预算，对执行情况进行分析、考核，落实成本管理责任制，加强对产品生产事前、事中、事后的全过程控制，加强产品成本核算与管理各项基础工作，保证了成本制度的信息化。企业产品成本核算制度是会计工作落实加强财政改革与管理的具体体现，通篇贯彻了财政规范化、科学化、信息化管理的总要求。

（二）制度出台贯穿了科学民主决策的基本精神

企业产品成本核算制度是在课题研究、广泛调研、征求意见、政府决策基础上形成的，充分体现了

科学民主决策的精神。其中，课题研究阶段，委托院校和企业组成课题组，深入开展专题研究，形成了成本会计研究报告，既奠定了成本制度的理论基础，又提出了制定成本制度的基本思路。广泛调研阶段，先后深入近10个行业、近20家企业开展调研，既奠定了成本制度的实践基础，又明确了制定成本制度的基本框架。征求意见阶段，先后两次印发征求意见稿，广泛征求社会意见，特别是重视听取会计准则委员会专家意见，重视做好制度发布前与理论和实务界的沟通工作，既奠定了成本制度的社会基础，又促进完善了成本制度的框架内容。政府决策阶段，经过反复深入的研究，形成相关制度文本，既奠定了成本制度的制定基础，又协调了成本制度的实施机制。

（三）制度框架贯穿了统筹规划、分步推进的基本思路

现行的企业成本核算制度根据不同类型的企业相应采取不同的办法，进行产品成本核算，标准不尽统一，信息不尽可比，影响了成本信息在企业管理中的基础作用。为此，在本次改革中，我们明确了“统筹规划、分步推进”的基本思路。所谓“统筹规划”，即制定统一的企业产品成本核算制度，规定成本核算的基本要求和一般原则，适用于除金融企业外的所有大中型企业，小企业比照执行，从而保证企业成本信息真实完整、有用可比。所谓“分步推进”，

即在企业产品成本核算制度的统领下，拟充分考虑有关行业生产经营特点和管理要求，陆续制定分行业的产品成本核算规程，有统有分、统分结合，从而体现制度的普遍适用性和具体操作性。

（四）制度内容贯穿了管理会计体系建设的基本导向

成本管理是管理会计的重要组成部分。管理会计体系建设要循序渐进，不可能一蹴而就。企业产品成本核算制度通过引入作业成本法，以及多维度、多层次成本核算等管理会计的理念、工具和方法，从加强企业成本管理入手，探索推进管理会计的研究和应用，积极发挥管理会计在提升企业经营管理水平、增强企业价值创造力等方面的基础作用，是对管理会计体系建设的先行探索和有益尝试，是财政部门加强管理会计体系建设的重要标志。

三、扎实贯彻企业产品成本核算制度，积极参与管理会计体系全面建设

抓紧抓好企业产品成本核算制度的贯彻实施、大力推进我国管理会计体系建设，使命光荣，任务艰巨。在这里，我想强调以下四点：

（一）提高思想认识、加强组织领导

各单位要认真学习、准确把握实施企业产品成本核算制度、推进我国管理会计体系建设的重大意义、主要内容和总体要求。要从全面推进我国管理会计体系建设、促进经济转型升级、提高企业管理水平的高度，来认识实施企业产品成本核算制度的重要性。各地财政部门要结合开展党的群众路线教育实践活动，积极作为，主动加强与当地国资、税务等相关部门的沟通，建立健全联动监管机制，抓紧制定实施方案，指导和督促本地区企业执行好企业产品成本核算制度。

（二）加强宣传培训、营造良好氛围

各地财政部门要把宣传培训、学习贯彻企业产品成本核算制度，作为当前及今后一段时期会计管理的一项重点工作，精心组织、周密安排，切实抓紧抓好，抓出成效；希望新闻单位、期刊报纸等媒体的朋友继续关心、支持，共同推动企业产品成本核算制度的宣传贯彻。在宣传培训过程中，既要注重面向广大会计人员，也要注重面向企业管理层；既要认真讲解企业产品成本核算制度的基本内容，也要重视宣传制度改革的重大意义，通过全方位、大规模的宣传培训，在全社会营造一种加强成本管理、推进管理会计体系建设的理念和氛围，为深入推进管理会计体系建设营造良好的社会环境。

（三）加强经验交流、积极参与改革

管理会计没有国际通行标准，但国际国内企业都有诸多探索和实践。这些探索和实践表明，管理会计源于实践。但要做到有效指导实践，就要求广大会计工作者做好实践探索、做好经验总结、做好理论研究、做好相互交流，通过总结交流提升管理水平、提升服务质量、提升参与管理会计体系建设的能力，从而推动管理会计理论方法转化为实践，推动管理会计做法经验上升到理论，推动管理会计理论实践上升到政策，形成实践理论政策间的良性互动。

（四）加强动态监控、有效应对问题

各地财政部门要把企业产品成本核算制度的执行情况作为会计信息质量检查工作的重点之一，督促企业严格执行企业产品成本核算制度，切实提高企业会计信息质量和成本管理水平；要通过各种渠道，及时了解、掌握本地区执行企业产品成本核算制度情况，对出现的问题及时加以协调、妥善解决，无法解决的，立即上报财政部；要做好沟通协调、承上启下、搜集反馈、及时应对工作，为实施企业产品成本核算制度、推进管理会计体系建设创造良好的环境与条件。

加强企业成本管理，制度建设是基础，制度执行是关键。我们要精心组织、扎实工作，切实做好企业产品成本核算制度的实施工作，进一步提高企业管理水平，促进企业健康发展，为全面建成小康社会、夺取中国特色社会主义新胜利而努力奋斗。

（此文系财政部党组成员、部长助理余蔚平同志2013年11月15日在《企业产品成本核算制度》全国师资培训班开班式上的讲话）

目录

第一章 总 则

本章重点对《企业产品成本核算制度（试行）》（财会[2013]17号）（以下简称“本制度”）的总则部分进行讲解。总则部分是对本制度的总说明，在整个制度中起着统驭作用，规定了企业产品成本核算的基本要求。总则主要包括：我国企业产品成本核算相关制度的沿革，制定和实施本制度的必要性，本制度的制定过程、制定依据以及适用范围，产品和产品成本的定义、产品成本核算的基本要求等。

一、我国国营工业企业成本核算制度的沿革

为了加深对本制度的理解，便于在成本核算中借鉴以往的经验教训，有必要对财政部草拟和制定的国营工业企业成本核算制度进行历史回顾。

建国以来，我国先后几次草拟、制定的国营工业企业成本核算制度有七个，其中有的曾经正式颁发执行，有的作为试行草案，也有的只作为征求意见的讨论稿，没有正式颁发。

（一）1953 年 1 月 17 日，中央人民政府财政部颁发了《国营工业企业统一成本计算规程》。这是我国的第一个成本核算制度。1953 年是我国实行第一个五年计划、全面开展社会主义经济建设的第一年，这个成本计算规程，同其他会计制度一样，是在学习前苏联企业管理经验的基础上制定的，其内容主要是讲成本计算，非常详细具体，共分：（1）总则；（2）成本明细分类账和成本计算单；（3）材料成本；（4）人工成本；（5）折旧及其他费用；（6）成本的分配与结转；（7）商业成本；（8）附则。共八章，一百条。这个规程对于成本计算所依据的凭证、账簿的种类和每种凭证、账簿所应具备的具体内容，以及凭证的传递路线、成本计算的具体程序和有关会计分录等，都作了详细规定，业务性、技术性、操作性很强。这个规程，对于成本计算之外的其他有关成本管

理方面的内容，几乎没有提及。不过，从1952年10月召开的第二次全国企业财务管理及会计会议上《关于会计部分的报告》中可以看出，当时对于计算车间成本的目的和任务的认识是有不同看法的。有一种意见认为，“计算车间成本的唯一目的是计算产品工厂成本，所以成本核算的中心任务只有一个，就是计算产品工厂成本。”有的对此持不同看法，认为“车间成本有其独自计算的必要，并非专为计算产品工厂成本而计算。”两种意见的分歧点，主要在于车间成本计算的目的以及它同成本管理的关系。这个规程中，已有关于计算产品计划价格成本的规定。计算计划价格成本的目的，是为了“加强成本比较与分析的作用”，这种做法当时在加强成本管理方面起着积极作用。

（二）1957年2月，财政部曾起草过《国营工业企业产品成本的计划和核算通则（草案）》，共分：（1）总则；（2）生产费用要素和成本项目；（3）生产费用核算和产品成本计算的方法；（4）基本费用；（5）生产服务及管理费；（6）生产损失；（7）非生产支出；（8）附则。共八章，五十八条。这个通则草案的内容，不像1953年的成本计算规程那样详细具体，业务性、技术性和操作性也都没有1953年的成本计算规程那么强，但已涉及一些成本管理方面的内容。这个通则草案未能正式颁发，其原因与1957

年末至1958年中央关于权力下放和简化规章制度的方针政策有关。不仅这个通则草案未能正式颁发，而且连1953年颁发的成本计算规程和其他一系列会计制度，都于1958年6月被废止，或交由中央各企业主管部门及各省、自治区、直辖市财政厅（局）根据具体情况，自行决定是否继续使用、修改或废止。当时，在会计制度方面的根本指导思想就是彻底“简化”、“放权”，以致出现所谓“无账会计”的惨痛教训，会计制度和会计工作遭到空前削弱。

（三）为了扭转企业成本核算没有制度可循的混乱局面，财政部和国家计委于1959年8月以财制企字第23号通知联合颁发了《关于国营工业企业生产费用要素、产品成本项目和成本核算的几项规定》。这个规定主要包括：（1）生产费用要素的名称及其内容；（2）产品成本项目的名称及其内容；（3）有关成本核算的几项规定。这只能说是当时国家在宏观管理方面对企业成本核算工作所提出的一些基本要求，不是一个完整的成本核算制度。

（四）1961年，中央提出了“调整、巩固、充实、提高”八字方针。此后，被废止的各项会计制度又开始恢复重订。1963年10月，财政部起草了《国营工业企业成本核算规程（草稿）》。这个规程草稿的内容主要包括：（1）总则；（2）产品成本的范围和内容；（3）产品工厂成本的核算；（4）成本计算方法；（5）产品销售成本的核算。共六章，六十条。其中有些基本要求和基本做法，现在看来仍是可行的。缺点是有的地方过细了些。比如，成本项目多达十项。这个草稿虽未正式颁发，但是征求意见的铅印稿，印发范围较广，影响很大，一些老的会计工作者对它仍有深刻印象。从一些工业主管部门的成本核算制度和有关的会计教材中，也可以看到它的影响。这个规程草稿之所以未能正式颁发，是因为当时又提出了要"简化"规章制度的要求。

（五）1965 年，财政部印发了《企业会计工作改革纲要（试行草案）》，其中把"改革成本核算方法"单列了一章，主要内容有："生产企业的产品成本，应当集中在厂部核算，车间除了核算直接发生的各项生产费用以外，一般不计算产品的全部成本。公司或厂矿的管理费用，直接计入产品成本，不要层层下转。""在企业内部，应当根据岗位责任制的要求，核算各个岗位直接发生的材料消耗、工时消耗和费用支出，加强定额管理和预算管理。""企业的成本项目和费用项目，由各主管部门根据计划管理的要求，结合行业特点分别制定。工业企业的成本项目，一般可以合并为材料、工资、费用三项。""连续生产的企业和联合企业，不必把最后计算出来的产品成本，再一道一道地倒算出各个生产环节的材料、工资和费用。具体办法由主管部门规定。""简化费用分摊方法，能统一分摊的，不要分开分摊，能由厂部直接计入成本的，不要在企业内部来回转账。”从这些内容可以看出，当时改革成本核算方法的主要目的，仍在于简化核算工作，但也提出了“算而有用、管而合理，改而不乱”的要求和“坚持有破有立，先立后破”的原则。这些改革的要求和原则，吸取了1958年的经验教训，现在看来基本上还是正确的。但时隔不久，便遇上文化大革命，改革未能再坚持下去。

（六）1973年12月财政部以（73）财企字第309号文颁发了《国营企业会计工作规则（试行草案)》，其中附有《国营工业企业成本核算办法》。这个成本核算办法包括：（1）产品成本的核算对象；（2）产品成本项目；（3）生产费用的汇集和分配；（4）产品成本计算的方法；（5）成本计划的考核和分析等五个部分。这个成本核算办法虽然是参照上述1963年的成本核算规程草稿的部分内容而制定的，但是由于当时极左的思想还占统治地位，这个办法也只能是粗线条的，比较简单。

（七）1986年12月，财政部以（86）财会字第85号文颁发了《国营工业企业成本核算办法》。这个成本核算办法分为六个部分，包括：（1）成本核算的任务和要求；（2）成本核算对象和成本项目；（3）生产费用的汇集和分配；（4）在产品成本和产成品成本；

(5) 产品的销售成本;(6) 成本核算的组织。中心内容是要求企业正确核算产品的实际成本。

以上将国营工业企业成本核算制度的发展变化情况加以回顾,目的是让大家了解:我们国家从 1953 年起即已逐步建立起一套适应各个时期经济管理需要的成本核算制度,在这期间,虽然几经周折,但却给我们今后成本核算制度的改革提供了宝贵的经验。建国以来的实践证明,要建立起正常的成本核算秩序,保证成本核算达到应有的质量,没有一套比较完整的成本核算制度是不行的。

(八) 1992 年至今的制造成本法

1992 年以前,我国成本会计采用全部成本法来核算产品成本。全部成本法是将制造成本和非制造成本中的管理费用和财务费用都计入产品成本,而只将非制造成本中的销售费用作为期间成本的成本核算方法,也称为完全成本法,即:产品成本 = 制造成本 + 管理费用 + 财务费用 = 直接材料 + 直接人工 + 制造费用 + 管理费用 + 财务费用。在完全成本法下,企业通过产量来调节利润的空间较大。

上述全部成本法被认为不符合配比原则的要求,不利于正确计算当期损益。1992 年,我国对会计进行了一次具有历史意义的改革,其中一项重要内容就是依据国际惯例采用制造成本法核算产品成本,即:产品成本 = 制造成本 = 直接材料 + 直接人工 + 制造费用。这也是我国成本会计实务中一直沿用至今的三大成本项目，即料、工、费。制造成本法在实际运用中有多种具体形式，如品种法、分批法、分步法、定额法等（以上方法属于成本核算方法）。它们的共同特点是，归集一定期间内生产过程中所发生的各种制造成本，之后采用一定的方法和标准分配计入相应的产品，而非制造成本即销售费用、管理费用和财务费用从当期损益中直接扣除。制造成本法作为一种普遍的核算办法，一直稳定使用至今。

（九）历年发布的有关成本核算办法和行业会计制度

由于各行业企业的会计核算主要区别在成本构成不同，相应的收入核算也不相同，我们曾在 20 世纪 90 年代先后发布了《地质勘查单位会计制度》、《国有建设单位会计制度》、《勘察设计企业会计制度》、《房地产开发企业会计制度》、《对外经济合作企业会计制度》、《运输（铁路）企业会计制度》、《运输（民用航空）企业会计制度》、《邮电通信企业会计制度》、《外商投资企业会计制度》、《工业企业会计制度》、《旅游、饮食服务企业会计制度》、《商品流通企业会计制度》、《建筑企业会计制度》等 13 个行业会计制度。

2000 年《企业会计制度》印发后，在除金融企业及小企业外的所有企业范围内分步实施，为了确保制度有效实施，规范各行业的会计核算，财政部会计司先后印发了《电信企业会计核算办法》、《施工企业会计核算办法》、《民航企业会计核算办法》、《水运企业会计核算办法》、《电影企业会计核算办法》、《投资公司会计核算办法》、《保险中介公司会计核算办法》、《农业企业会计核算办法》、《铁路运输企业会计核算办法》、《新闻出版业会计核算办法》、《担保企业会计核算办法》、《信托业务会计核算办法》等 12 个行业核算办法。

（十）本制度体现了对历年制度办法的继承与发展

从以上分析可以看出，自 1992 年至今我国企业采用制造成本法进行产品成本核算，已经成为一种稳定有效的会计处理方法。2006 年发布的企业会计准则体系也延续了这一较为成熟的实践做法。

但是，值得注意的是，目前制造成本法在应用中的不足主要体现在，以数量为基础作为成本动因来分配间接费用（制造费用），计入相应的成本核算对象。随着经济迅速发展，制造环境不断优化，大量人工被机器取代，直接人工所占比重下降、制造费用比重上升，以数量为基础的成本核算不再能准确分配制造费用，从而影响产品成本核算的准确性，使得产量高、复杂程度低的产品成本偏高；而产量低、复杂程度高的产品成本偏低，从而导致成本控制失效、经营决策失误。另外，一些与生产产品相关的成本没有得到充分确认（如有关人员薪酬、与产品生产相关的无形资产等）。制造成本法尽管在具体费用的确认上无法分清与产品制造过程之间的关系，但其突出的优点是确认过程的规范与统一。费用在哪个部门发生的，就由哪个部门所体现的成本项目承担，统一按职能部门确认费用的发生额，这样在费用归集上避免引起争议；同时，职能部门的设置与产品制造过程之间的关系较易达成共识。此外，制造成本法符合财务会计的报告要求和税法的应纳税额的计算规定，从而保证企业与外部的有效沟通。

历年发布的分行业核算制度和办法根据各行业经营特点，对包括成本核算在内的有关经济业务的会计处理作出了特定规定；同时，也反映出各行业成本核算方面存在的特性和共性。

本制度依据企业会计准则，在以往制度办法的有效实践基础上进一步完善产品成本核算制度规范，建立一套各行业通用的产品成本核算规范，并创新性地体现了成本核算服务于企业管理的理念，一方面将更有助于企业提高产品成本信息质量，另一方面，对完善企业会计准则体系以及确保其持续平稳有效实施也具有重要意义。

二、世界主要经济体关于产品成本核算标准的情况

（一）美国成本会计准则

1. 美国成本会计准则目标与内容

20 世纪初期，美国联邦政府就开始希望通过建立会计标准，来管理供应商的成本会计实务，规范以成本为基础的政府采购合同的成本分配方式和数量，以保护政府免于为货物或服务过度付款的风险。

美国成本会计准则的目的是规定承包商合同成本会计实务的一致性与统一性，它针对的不是承包商全部的成本会计实务，只是合同标的成本会计实务，目的是确保供应商不会将非合同成本标的的成本分配计入合同成本中，从而增加合同成本，使政府过度付款。例如准则 401——成本计算、归集和分配上的一致性、准则 402——相同目标成本分配的一致性，以及准则 405——不允许成本的会计处理，就是关于这方面的直接规定。准则和普通的企业成本会计制度不同，它更具有针对性，强制性也更强。准则的内容包括了成本核算的主要方面，并且来源于企业生产实践，以工业企业通用成本会计实务为基础，政府部门、工业企业、职业会计师协会对其提出建议和评价，而且由于对成本会计实务实施精确的技术或方法是不可能的，因此，大多数准则提供了大量的可选择的会计方法。具体准则的内容体现了美国成本会计核

算的主流思想。

早在1916年，军火制造商税收法规为了确定应该对军火合同供应商的利润征多少税时，就明确规定在确定政府合同利润时，哪些成本可以被确认。政府采购官员也根据此规定确定，在联邦成本类合同中哪些成本是可以补偿的。从1934年开始，财政部通过颁布法规定义了各种各样的成本类型和不允许成本，并且为联邦政府采购合同提供间接成本的分配原则。1942年，陆军和海军部联合出版了一套成本原则，被称为“绿皮书”，规定了成本分配的原则。1949年，武装部队采购规则（ASPR）替代了国防采购合同中的“绿皮书”和“财政决定极点5000”，它规定了各种成本的可行性以及关于成本应该如何分配的一般原则。1959年，ASPR被修订，修订后的ASPR更详细、明确地介绍了成本分配规则，但是承包商在成本计量、分配方面仍旧被给予了广泛的自由。这些规则与今天的联邦采购规则（FAR）的内容在本质上是相同的。

美国联邦法规第48号联邦政府采购规则体系第99章第9904号条款列示了成本会计准则的具体准则。现行的成本会计准则包括19项具体准则，大致可以分成三组：一是从总体上对成本会计进行规定的准则；二是处理成本类别、成本划分和成本要素的准则；三是处理间接成本池的准则。具体包括：

准则 401——成本计算、归集和分配上的一致性；

准则 402——相同目标成本分配的一致性；

准则 403——总部办公费用向分部的分配；

准则 404——有形资产的资本化；

准则 405——不允许成本的会计处理；

准则 406——成本会计期间；

准则 407——直接材料和直接劳动标准成本的运用；

准则 408——员工带薪缺勤成本会计；

准则 409——有形长期资产的折旧；

准则 410——部门管理费用向最终成本目标的分配；

准则 411——材料的取得成本会计；

准则 412——退休金成本的组成和计量；

准则 413——退休金成本的调整和分配；

准则 414——作为设备资金成本要素的货币成本；

准则 415——延期补偿成本会计；

准则 416——保险费会计；

准则 417——作为在建工程成本要素的货币成本；

准则 418——直接成本和间接成本的分配；

准则 419——独立研究和开发成本以及投标和申请成本会计。

每个具体准则又包括目标、相关概念的定义、基本要求、应用方法、实例、解释、豁免和执行日期。准则是概括性的还是具体性的由委员会视其完成目标的需要而定。

作为美国成本会计准则体系的一部分，联邦法规第 48 号联邦政府采购规则体系第 99 章第 9903 号条款，规定了准则的适用范围、放弃条款、披露报表等。

2. 美国成本会计准则解析

（1）成本会计准则制定的原因分析。从美国成本会计准则产生、发展的历史看，其建立始终围绕着以成本为基础的政府采购合同，当以成本为基础的政府采购合同成为政府采购合同的主要形式时，对成本会计准则的需要就会不断上升。成本类型的合同在客观上需要进行成本审计，由于信息不对称现象的存在，政府采购部门无法得知承包商合同成本的实际情况，因此，政府需要规范承包商的成本会计实务，并要求其对成本会计实务进行披露，以保护政府免于欺诈的风险，这样成本会计准则的建立就显得十分必要。准则建立的根本动因在于联邦采购中成本类型合同的使用。

（2）成本会计准则的特点。

①始终围绕着政府采购合同。美国成本会计准则的目的是规定承包商合同成本会计实务的一致性与统一性，它针对的不是承包商全部的成本会计实务，只

是合同标的成本会计实务，目的是确保供应商不会将非合同成本标的的成本分配计入合同成本中，从而增加合同成本，使政府过度付款。

②具有绝对法律地位。有关美国联邦政府采购的成本法规除了成本会计准则外，还包括谈判真实性法令（TINA）和联邦采购规则中的成本原则（FAR）。联邦政府规定，即使政府与承包商签订的合同不需要服从于准则的规定，但仍要服从谈判真实性法令（TINA）和联邦采购规则中的成本原则（FAR）。TINA的目的是确保政府与承包商拥有同样的成本和定价信息，以备协商公平合理的价格之用，以及当承包商违背TINA时政府有权修改合同价格，以保护政府免于超额付款的风险，并且对供应商提交虚假的成本或定价资料的行为，规定了民事和刑事处罚。FAR囊括了目前使用的成本原则，它规定了合同和分包合同的定价以及合同条款所涉及的成本的确定、谈判和允许的成本原则和程序。成本会计准则、谈判真实性法令和联邦采购规则中的成本原则，三者构成了以成本会计准则为核心的美国联邦采购成本法规体系。成本会计准则具有绝对的法律地位，它的法律效力要高于谈判真实性法令和联邦采购规则中的成本原则。而谈判真实性法令和联邦采购规则中的成本原则是对成本会计准则的有效补充，它们规定的原则更具有灵活性和及时性，能更快地对联邦采购过程中的成本问题

作出反应，这三个法规使美国联邦采购成本法规体系更加完善和全面。

（二）日本成本会计准则

1. 日本成本会计准则目标与内容

1937 年 11 月，“产品成本会计规则”颁布，这是第一个聚焦于日本成本会计的准则；陆军和海军分别在 1939 年和 1940 年建立了其自己的成本会计规则；1942 年 4 月，制造业成本会计指南代替了陆军和海军成本会计规则；财政部企业会计研究会于 1950 年 11 月 16 日开始着手成本会计准则的研究，直到 1962 年 11 月 8 日才获得了成功。日本制定成本会计准则的目的不仅是为了规定普遍遵守的成本会计原则，也是为了使准则作为会计核算体系一部分的成本会计的核算基础。

日本成本会计准则的目标是：价格制定、准备财务报表、成本管理、预算和预算控制、制定基本计划和作决策。但是，准则没有定义或描述成本管理、编制预算和预算控制，以及制定基本计划和决策的具体方法。

日本成本会计准则的内容主要包括：

第一章，成本会计目标和基本准则；

第二章，实际成本会计；

第三章，标准成本会计；

第四章，会计和成本差异分析；

第五章，成本差异的会计处理。

2. 日本成本会计准则解析

（1）成本会计准则制定的原因分析。1937 年 11 月，为了普及和启发成本会计知识，“产品成本会计规则”颁布，这是第一个聚焦于日本成本会计的准则，而且对于日本公司来说，它是自愿的、指导性的和值得推荐的。陆军和海军分别在 1939 年和 1940 年建立了其自己的成本会计规则，这些规则的主要目标是控制军需品价格。此时，日本政府十分需要一个完整、统一的成本会计规则。1942 年 4 月，制造业成本会计指南代替了陆军和海军成本会计规则。该指南的目的是为了控制战争期间的商品价格和提高管理效率。第二次世界大战后，日本经济处于混乱状态中，政府从 1948 年 3 月 2 日开始采用成本会计规则控制价格，经济开始逐渐稳定。由于政府开始致力于生产力的提高，这一政策导致了成本会计准则的制定。

从日本成本会计准则制定的背景来看，其目的是引进并向日本企业介绍先进的成本会计核算思想，并使之成为日本企业成本核算的基础，从而促进日本战后经济的复苏。日本是一个资源稀缺型的国家，政府把振兴经济的方法放在有效使用有限的资源上，在会计上重视成本节约，希望通过成本管理提高企业的生产效益和竞争力，因而准则的制定目标从最初的控制产品价格转变为提高日本企业的成本管理水平。

（2）成本会计准则的特点。

①以财务核算和成本管理为双重目标。日本成本会计准则以财务核算和成本管理为双重目标，成本记录类型分为两种——财务报告成本记录类型和管理成本记录类型，记录类型虽然分为两种，但两者结合在同一成本核算体系之下。成本会计准则的这一特点充分体现了成本会计的为财务会计提供信息和为管理会计提供信息两个职能，也促进了成本会计准则与财务会计准则的协调。

②具有普遍的社会约束力。在日本，成本会计准则是传播和普及成本会计知识的规范。准则是指导性的，不是强制性的，不是靠法律强制执行，企业违反准则不会受到法律的惩罚，但是准则也对日本企业具有普遍的社会约束力，成为每一个公司成本会计的基础。成本会计准则为日本成本会计实务提供了清晰的基本框架，企业可以在准则之下执行其自己的成本会计实务。准则应用于日本所有的企业，但是应用的具体准则依赖于企业类型、行业状况和公司大小。

③为日本企业确定了成本核算的基本框架。在对日本企业成本核算方法的研究中可以发现，直到目前为止绝大多数日本企业在成本核算上仍然采用标准成本法，工时制仍然是日本企业核算的基础。日本企业在成本核算方法上的创新很少，创新主要集中在成本

管理方法方面，例如目标成本法、适时制、弹性生产等，这与准则的影响不无关系。准则中对工时制、分批法和分步法作了详细的规定，将标准成本计算制度化，置于与实际成本同等重要的地位，成为日本企业成本核算的基础，因此，很少有企业会在成本核算方法上进行创新。而准则对成本管理的具体方法没有详细规定，鼓励企业在成本管理方面不断创新，成本管理就成为日本企业探索的主要方面，促使日本企业在成本管理方法方面不断推陈出新。

（三）印度成本会计准则

1. 印度成本会计准则目标与内容

印度成本与工业会计协会（ICWAI）在对制造业进行广泛调查，并充分与企业股东和工业协会进行协商后，借鉴和吸收发达国家颁布的成本会计准则、国际最佳实务与惯例，在与国际财务报告准则（IFRS）和国际会计师联合会（IFAC）的规定保持一致的基础上，该协会下属的成本会计准则委员会于 2002 年开始陆续颁布了 12 个成本会计准则。成本会计准则委员会成立于 2001 年，致力于印度成本会计准则的制定与修改。

印度成本会计准则委员会将成本会计准则目标确定为：为制造、加工或服务行业成本计算提供结构化方法；统一、协调和标准化成本会计原则和惯例；为使用者在产品和服务成本的划分、计量、分配和归集方面的统一性和一贯性提供指引；作为法律或管制机构规定的产品、活动或服务成本计算的基础；使实际使用者能根据成本会计准则对一般目标成本报表作出鉴证；有助于清晰和一致地理解政府部门、监管机构、研究机构、学术机构等提出的所有相关问题。

截至目前，委员会颁布的具体准则包括：

准则 1——成本的分类；

准则 2——生产能力的确定；

准则 3——间接费用；

准则 4——内部消耗的产品成本；

准则 5——运输平均成本的测定；

准则 6——材料成本；

准则 7——人工成本；

准则 8——辅助费用成本；

准则 9——包装材料成本；

准则 10——间接费用；

准则 11——管理费用；

准则 12——修理和维修成本。

根据印度成本会计准则委员会的报告，除了截至目前已颁布的 12 个准则外，委员会还将颁布 27 个具体准则。这 39 个具体准则中，21 个是关于成本要素的规定，其余 18 个是关于成本核算方法的规定。每一具体准则在结构上一般包括：准则的介绍、准则的目标、准则的范围、准则相关概念的定义、处理的原则和方法，以及呈报和披露。

印度成本会计准则委员会在制定准则的过程中充分与政府机构协商，以确保这些机构能够使用这些成本会计准则。委员会颁布的准则在印度制造业和政府监管机构得到了广泛的使用，并获得了积极的效果。2009 年印度公司事务部成立的调查组认为，目前已经发布的所有的成本会计准则被证明对工业和管制者是有很大用处的。

2. 印度成本会计准则解析

（1）成本会计准则制定的原因分析。

①促进国家竞争力的提高。印度改革开放以来，大型企业获得了长足发展，形成了一批拥有较强经济实力并在国际市场上具有一定影响力的跨国企业，这些企业的竞争力成为支撑印度经济竞争力的主要支柱。因此，印度十分重视国内企业的竞争能力，将企业的竞争力作为国家竞争力的主要方面，并极力促使企业在管理水平上的提高。印度政府认为：在一个以顾客为主导、市场为导向的竞争的世界中，只有成本和质量具有竞争力的企业才能存活，而且企业必须具备能使价值最大化、始终紧盯市场战略的全面的成本管理，这样，在通过每个企业的竞争力建立起来的可持续的竞争环境下，国家在全球的竞争力才能得以持续发展。成本会计准则委员会力图通过阶段性地在所

受的成本会计原则和惯例必须被清晰地定义，并且以成本会计准则的形式被规定。

（2）成本会计准则的特点。

①既强调成本核算，又强调成本管理。从具体准则的内容来看，准则既包括成本核算的一些限制性规定，也介绍了相关的成本管理方法。例如准则 1——成本的分类中，按照成本性质将成本分为原材料成本、人工成本和其他成本；按照与成本中心的关系划分为直接成本和间接成本；按照功能划分为产品成本、管理成本、销售成本、分销成本和研究开发成本；按成本性态划分为固定成本、变动成本和混合成本；按管理决策的制定分为边际成本、差别成本、机会成本、替代成本、相关成本、隐含成本、沉没成本、正常成本、非正常成本、可避免成本和不可避免成本；按生产过程分为分批成本、过程成本、特殊经营活动成本、经营成本、合同成本、联合成本；按时间划分为历史成本、预计成本、标准成本、估算成本。准则 1 不仅在内容上对原材料、人工成本作了限制性规定，还从成本管理角度对成本进行了划分，既强调成本核算又强调成本管理。

②具有一定的法律效力。印度成本与工业会计协会成立于 1944 年，在 1959 年国会的特殊法案下被确立职业地位，它是印度唯一法律认可的、专门从事成本和管理会计研究的专业组织。虽然成本与工业会计

协会成立的成本会计准则委员会不属于法律部门，但是，印度政府已经通过其他法规对委员会公布的成本会计准则进行了法律认可。

③强调以原则为基础。在印度公司法案下，成本会计记录规则对每一工业部门分别制定了成本会计记录规则，这种以规则为基础的机制限制了印度企业发展的需要。成本会计准则委员会认为处于经济成熟程度水平二阶段（印度将成本和管理会计的成熟程度分为三个水平：基本水平，传统的成本会计和管理水平；水平二，国家水平的标准成本会计原则；水平三，自我创新的世界级水平的成本管理会计）的印度工业需要来自于政府的指导或指南，但不是严格的规则和法律。因此，委员会强调，成本核算和管理方法应该以原则为基础，并且应该以成本会计准则和一般公认成本会计原则和惯例的方式被规定。原则代表的是对成本会计惯例和实务在本质上的归纳，其强调的是起始点和边界，而不是具体的规则，职业会计师应该将其作为他们理解和行为的基础，并在处理具体事项时适当、合理地运用职业判断。以原则为基础的机制能够处理诸如违规行为、经济形势的变化、监管机制、WTO 要求、不公正贸易等的需要，尤其是可以促进印度公司成本竞争力的提高，并能够为企业带来价值增加。

④与财务会计规则相协调。成本会计准则委员会

在向印度公司事务部提交的报告中说，其制定的成本会计准则会与财务会计准则相协调，由于印度会计准则与国际财务报告准则趋同，因此，成本会计准则也会与国际财务报告准则中的相关内容保持一致。如果在财务会计准则和成本会计准则中同一问题要求不同的处理方法，准则会找到相同的方法作为成本和财务记录之间的协调项目，而且存在的任何对特殊成本项目的不同处理方法都将被披露。

（四）韩国成本会计准则

在韩国，企业主要分为两种：一种是政府投资型企业，另一种是民营企业。政府投资型企业的规模一般都比较大，政府通常拥有 50% 以上该类型企业的股份。1974 年 7 月，韩国政府针对两类企业分别制定了会计规则。针对民营企业的会计法规主要包括政府和证券管理委员会制定的各类会计准则、规则和声明。虽然这两类企业会计规则制定和发布的机构不同，但在内容上基本相同。从 1974 年 7 月开始，韩国的会计制度开始了二元化的发展过程。

到 20 世纪 80 年代，为了适应资本市场不断扩大和国际化，以及世界银行的要求，韩国在 1981 年将政府投资型企业和民营企业的会计规则统一起来，制定了统一的企业会计准则，即《企业会计基准》，由证券管理委员会执行制定和修改，结束了会计制定二元化发展过程。《企业会计基准》从 20 世纪 80 年代到 90 年代末进行了多次修订，到 2000 年，形成了比较稳定的标准体系。

韩国成本会计准则制定于 1972 年，在 1998 年 4 月 1 日和 1999 年 12 月 8 日分别修订。该准则主要适用于制造业，也包括其他行业，覆盖了企业成本核算所有的重要方面。主要内容包括：总体规定、实际成本会计制度和标准成本会计制度。准则的目标是应用于与产品生产相关的成本计量。韩国成本会计准则在总的原则和成本分类方面的规定与印度成本会计准则基本相同。

（五）国外成本会计准则的共同特点和启示

从对以上国家的成本会计准则的分析中可以看出，成本会计准则规定了成本核算的基本方法，为成本核算提供了基本框架，并体现了成本管理的要求，在客观上促进了企业成本管理水平的提高。我国早期制定了成本管理条例，但随着经济的飞速发展、会计改革的深入，尤其是财务会计的不断变迁，原有的成本管理条例已经不能满足企业核算和管理的要求。随着我国会计改革的不断深化，会计国际化水平越来越高，已经实现了国际趋同和等效，当前对成本会计核算进行改革势在必行。国外的成本会计准则制定实施情况，为我国制定产品成本核算制度提供了充分的、可借鉴的经验：

首先，在企业会计准则框架下，产品成本核算制度可以适当体现对企业成本管理的指导性，在确定基本核算方法、原则的基础上，适当引进先进的成本核算和管理思想，并提供多种可选择的方法，由企业根据生产经营的特点进行成本核算。

其次，产品成本核算制度的制定和颁布应该由政府来执行。由政府来制定和颁布成本核算制度，建立一个广泛遵守的成本核算制度框架，将有助于成本核算制度在全社会范围内普遍施行，促进产品成本在计量、分配和归集上的统一性与一致性，成为企业成本核算与管理的基础，促进整体产品成本核算和管理水平的提高。

再次，成本会计与财务会计的协调。财务会计致力于一个企业在特定时期的全部经营，而成本会计强调企业全部费用中的一部分向特定产品或服务的分配，两者之间虽然目标不同，但处于同一会计核算体系之下，且成本会计为财务会计提供有关企业存货成本和计算期间损益的信息，因此成本核算制度应该与企业会计准则保持一致。

最后，可以借鉴和采纳国外成本会计准则在成本管理规定方面的经验，将成本管理思想纳入成本核算制度中，促进成本核算和成本管理的紧密结合及企业成本管理水平的提高。

三、制定和实施本制度的必要性

（一）适应加强企业成本管理的需要

目前，企业会计准则体系已在我国大中型企业范围内基本得到了有效实施，其中存货、生物资产、建造合同等会计准则已经涉及了产品成本核算的内容，但分布零散且规定比较原则，不够具体。结合市场经济的新发展和企业管理的新需要制定本制度，进一步规范企业产品成本核算，提高产品成本信息质量，对企业开展绩效考评、成本决策、经营决策等管理活动具有重大意义。

（二）适应我国企业“走出去”的需要

目前，仍有包括欧盟在内的部分国家、地区和组织不承认中国完全市场经济地位；同时，国际上时有借产品成本问题对我国一些出口产品实施反倾销的事件发生，一定程度上影响了我国企业参与国际竞争。因此，制定本制度是谋求中国完全市场经济地位的重要制度安排，是提高企业国际竞争力的重要制度基础，对于贯彻实施中央“走出去”战略具有重要意义。

（三）适应管理会计体系建设的需要

一段时期以来，我们的会计标准建设，考虑外部投资者、社会公众和外部审计较多，而服务企业内部管理决策不够，应当同时从出资人角度研究会计问

度。”这一条开宗明义，直接指出了制定本制度的依据。

《中华人民共和国会计法》（主席令［1999］24号）第二条规定：“国家机关、社会团体、公司、企业、事业单位和其他组织（以下统称单位）必须依照本办法办理会计事项。”第四条规定：“单位负责人对本单位的会计工作和会计资料的真实性、完整性负责。”第五条规定：“会计机构、会计人员依照本法规定进行会计核算，实行会计监督。”第七条规定：“国务院财政部门主管全国的会计工作。”第八条规定：“国家实行统一的会计制度。国家统一的会计制度由国务院财政部门根据本法制定并公布。”第五十条规定：“本法下列用语的含义：单位负责人，是指单位法定代表人或者法律、行政法规规定代表单位行使职权的主要负责人。国家统一的会计制度，是指国务院财政部门根据本法制定的关于会计核算、会计监督、会计机构和会计人员以及会计工作管理的制度。”本制度作为国家统一的会计制度的组成部分，其制定必须依据会计法。

本制度是根据企业会计准则制定的，体现了对现行准则有关规定的整合和细化。

六、本制度的适用范围

本制度第二条明确规定：“本制度适用于大中型

企业，包括制造业、农业、批发零售业、建筑业、房地产业、采矿业、交通运输业、信息传输业、软件及信息技术服务业、文化业以及其他行业的企业。其他未明确规定的行业比照以上类似行业的规定执行。本制度不适用于金融保险业的企业。”

（一）关于本制度的适用主体

概括地讲，我国所有大中型企业，不论企业的所有制性质、经营范围、组织形式如何，都属于本制度所适用的范围。即：国有大中型企业、民营大中型企业、外商投资大中型企业，从事第一产业的大中型企业、从事第二产业的大中型企业、从事第三产业的大中型企业等等，都属于本制度所适用的范围。考虑到金融保险企业的特殊性，这类企业不适用于本制度。

（二）关于本制度的适用行业划分

本制度以国民经济分类标准为基础，并结合财政部以往发布的行业会计制度和核算办法涉及的行业，划分了行业类别。

我国国民经济行业分类标准中的行业包括：（1）农、林、牧、渔业；（2）采矿业；（3）制造业；（4）电力燃气及水的生产和供应业；（5）建筑业；（6）交通运输、仓储和邮政业；（7）信息传输、软件和计算机服务业；（8）批发和零售业；（9）住宿和餐饮业；（10）金融业；（11）房地产业；（12）租赁和商务服务业；（13）科学研究、技术服务和地质勘查业；（14）水利、环境和公共设施管理业；（15）居民服务和其他服务业；（16）教育；（17）卫生和社会工作；（18）文化、体育和娱乐业；（19）公共管理、社会保障和社会组织；（20）国际组织。国家“十二五规划”提出了加快发展生产性服务业和大力发展生活性服务业，其中，生产性服务业包括运输、仓储、通讯等，生活性服务包括商贸、餐饮旅游等。

财政部以往发布的若干行业会计制度和行业核算办法中，行业的种类主要涉及：工业、农业、房地产开发、施工、旅游和饮食服务、邮电通信、交通运输、地质勘查、勘察设计、金融、保险等。对以上行业类别作进一步整合，我们将有关行业划分为“制造业”、“农业”、“批发零售业”、“建筑业”、“房地产业”、“采矿业”、“交通运输业”、“信息传输业”、“软件及信息服务业”、“文化业”和“其他行业”十一类。其中，“制造业”包括国民经济分类中的制造业、电力燃气及水的生产和供应业等企业；“农业”包括国民经济分类中的农、林、牧、渔业；“交通运输业”包括国民经济分类中的交通运输和仓储业；“其他行业”是指上述行业之外的行业。需要说明的是，国民经济行业分类中的“水利、环境和公共设施管理业”、“教育”、“卫生和社会工作”、“公共管理、社会保障和社会组织”和“国际组织”等类别的经济活动不属于普遍意义上的企业行为，因此不在本制度规范的范围内。

本制度行业划分的理由和意义包括：

一是基本上覆盖了以往发布的行业会计制度、核算办法所涉及的行业范围，有助于保持政策的延续性；

二是与国民经济行业分类标准基本一致，确保本制度行业划分的科学性，便于企业理解和操作；

三是涵盖了国民经济分类中的主要类型，确保企业产品成本核算制度适应经济社会发展要求，具备广泛适用性；

四是考虑到金融保险业的企业在业务流程、经营管理等方面的特点，规定金融保险企业不适用本制度。

同时，值得关注的是，本制度以“制造业”为蓝本明确企业产品成本核算的总体要求和一般原则，企业通常情况下应当据此进行产品成本核算；兼顾其他行业特点作出了有关规定，除本制度已经明确规定的以外，其他行业企业应当比照本制度中类似行业的企业进行成本核算。

（三）关于建立产品成本核算规范体系

企业产品成本核算的主要目标是通过财务报告，向外部信息使用者提供产品（存货）的有关信息。同时，产品成本核算作为企业成本管理的重要组成部分，应当满足内部管理决策的需要。由于行业间、企业间存在较大的实务差异，为了制定一套既普遍适用，又对实务操作具有高度指导性的规定，我们拟分层次建立产品成本核算体系：一是本制度作为产品成本核算的基本规范，确定成本核算的基本要求和一般原则；二是在本制度的统领下，将充分考虑有关行业生产经营特点和管理要求，制定分行业的产品成本核算规程。

七、产品和产品成本的定义

（一）关于产品

商品，是为了交换而生产的产品，因而产品的范畴大于并包含商品。根据企业会计准则的规定，存货是指企业在日常活动中持有以备出售的产成品或商品、处在生产过程中的在产品，在生产过程或提供劳务中耗用的材料、物料等，即企业的存货包括拟出售的产品和商品，通常情况下，商品流通企业采购商品，非商品流通企业采购原材料并进一步加工取得产品，这已经成为共识，因此在会计层面上，商品与产品的范畴存在着差异。

从产品的形态上区分，产品一般可以分为有形产品和无形产品。有形产品是具有特定形状的产品，如家电、机器、装备、元器件、建筑物、机械零部件、水电、润滑油、布匹等。无形产品包括服务和软件等信息产品，其中服务是为满足顾客的需求，供方

（提供产品的组织和个人）和顾客（接受产品的组织和个人）之间在接触时的活动以及供方内部活动所产生的结果，并且是在供方和顾客接触上至少需要完成一项活动的结果，如医疗、运输、咨询、金融贸易、旅游、教育等；软件是由信息组成，通过支持媒体表达的信息所构成的一种智力创作，并可以以方法、记录或程序的形式存在，如计算机程序、信息记录等。

（二）关于成本

所谓成本，按照政治经济学的定义，就是企业在生产经营活动中耗费的物化劳动和活劳动中必要劳动部分的货币表现。在不同的情况下，产品成本概念具有不同的意义，其涵盖的成本范围也不同。例如，财务报告中使用的产品成本，是指存货成本，包括库存材料的成本、在产品成本、半成品成本和产成品成本等。企业在产品定价中使用的产品成本，是从产品研发到销售及售后在内的所有与产品相关的成本。

涉及企业产品成本监管的部门主要有税务部门、工信部（财务司）和发改委（价格司）等。以上部门发布的有关文件中所提出的“成本”，与企业会计核算中的产品成本有所差别。例如，企业所得税法第八条所称成本，是指企业在生产经营活动中发生的销售成本、销货成本、业务支出以及其他耗费。这是从税收角度对成本作出的规定，是企业按照税法规定计后的全过程控制，加强产品成本核算与管理各项基础工作。

随着企业IT技术的运用、新制造环境的逐渐形成，企业使用现代信息技术来管理经营与生产，最大限度地发挥现有设备、资源、人、技术的作用，是产品成本核算和管理的趋势。因此，本制度要求企业具备现代信息技术条件的，应当在产品成本管理的整个过程中充分予以利用，提高产品成本管理包括核算的科学性、系统性。值得注意的是，本制度在产品成本核算对象、产品成本核算项目和范围以及产品成本归集、分配和结转三个章节中均明确规定，企业内部管理有相关要求的，可以按照现代企业多维度、多层次的管理需要，确定多元化成本核算对象、对有关成本项目进行组合，以及在此基础上对有关费用进行归集、分配和结转。

（二）加强成本核算的各项基础工作

企业必须加强成本核算的各项基础工作，这是正确核算产品成本的重要前提，成本核算如果没有可靠的基础工作，就无法取得正确完整的原始数据，无法汇集应有的生产费用和进行合理的费用分配，无法计算出正确的产品成本。所谓加强基础工作，主要包括以下内容：一是建立原材料、在产品、半成品和产成品等各项财产物资（也包括固定资产、低值易耗品等）的收发、领退、转移、报废和清查盘点制度；

二是健全与成本核算有关的各项原始记录；三是制定或修订材料、工时、费用的各项定额等；四是完善各种计量检测设施，严格计量检验制度。

（三）划清成本费用的几个界限

本制度第五条规定："企业应当根据所发生的有关费用能否归属于使产品达到目前场所和状态的原则，正确区分产品成本和期间费用。"在进行产品成本核算时，应注意区分以下几个界限：

1. 划清收益性支出与资本性支出的界限

收益性支出是指仅为取得当期收益而发生的支出或消耗，如支付当期的职工薪酬等属于收益性支出；资本性支出是指与本期和以后各期取得收益都相关的支出，如购买固定资产和无形资产的支出等属于资本性支出。

按企业会计准则的规定，收益性支出符合成本确认条件的，计入当期的成本费用；资本性支出通常确认为资产，用于生产的，将通过折旧的方式分期计入产品成本，而不能直接计入当期成本费用。

2. 划清营业性支出与营业外支出的界限

营业性支出（经营性支出）是指企业的正常生产经营活动发生的支出。营业外支出是指在正常的生产经营活动以外由于偶然的特殊的原因发生的一些支出和损失，如自然灾害造成的损失，固定资产盘亏、固定资产处置造成的净损失等都属于营业外支出。

（四）遵守一致性原则

本制度第六条规定："企业产品成本核算采用的会计政策和估计一经确定，不得随意变更。"一致性原则在成本核算中是指各种处理方法要前后一致，使前后各项的成本资料相互可比。在成本核算中，有些业务事项可以有几种不同的处理方法，如材料计价可以采用先进先出法、加权平均法等，本制度允许企业根据实际情况择宜选用，但前后各期必须一致，不得任意变更。这不仅是为了使企业各个时期的成本核算资料有统一口径，前后连贯，相互可比，而且也是为了防止利用改变核算方法，人为地调节成本。

（五）按照企业内部管理的需要进行产品成本核算

1. 产品成本核算的主要内容

产品成本核算是指按照法规制度和企业管理的要求对生产经营过程中实际发生的各种劳动耗费进行计算、归集与分配，并把核算的成本信息传递给有关的使用者。产品成本核算是针对产品的成本归集与分配活动，一般流程为：确定产品成本核算的对象、确定成本范畴，进而根据核算对象的特点及成本形成过程、方式，设计具体的核算项目（成本归集），确定共同成本分配方式、成本信息的披露等。

产品成本核算是企业财务管理的重要内容，是成本管理工作的关键和基础。通过成本核算，反映企业在生产和销售过程中各种费用的实际支出数额，可以正确确定产品实际成本，正确计算盈亏；通过成本核算，可以及时、有效地监督和控制企业生产经营过程中各项费用开支，争取达到预期的成本目标；通过成本核算，还可以为进行成本预测、规划未来成本目标和降低成本的各种可能途径提供资料。总之，通过成本核算，可以达到降低消耗、节约开支、提高经济效益的目的。

2. 产品成本核算应体现产品成本管理的需要

企业产品成本核算通常具有对内部和外部报告的双重目标，作为会计信息系统中的一个子系统，确认、计量和报告有关产品成本的多项信息，同时为编制对外财务报告和为企业内部管理者决策提供资料。企业内部管理者通常需要根据成本核算信息开展成本预测、成本决策、成本控制、成本考核及评价等管理活动。成本核算是成本管理的一项基础性工作，同时，成本管理又为成本核算的不断完善提供了方向和环境。

（六）编制产品成本报表的要求

企业产品成本管理需求差异较大，且产品成本的报表可能涉及企业的核心商业机密，通常不对外披露，在规范披露问题上不宜强制统一要求。为此，本制度第七条对企业编制产品成本报表的期间和产品成本报表的主要内容作出了原则性要求。企业可以根据自身管理需要，确定成本报表的具体格式和列报方式。

第二章　产品成本核算对象

本章主要对企业产品成本核算对象部分进行讲解，包括企业确定成本核算对象的基本原则，以制造企业为蓝本规定的通常做法，以及其他相关行业的实践。

产品成本核算，是要对一定时期的生产成本，按特定对象进行归集，并在完成产品与在产品之间进行分配，从而取得特定对象总成本和单位成本。企业产品成本核算作为会计信息系统中的一个子系统，确认、计量和报告有关产品成本的多项信息，为编制对外财务报告和为企业内部管理者决策提供资料。企业内部管理者通常需要根据成本核算信息开展成本预测、成本决策、成本控制、成本考核及评价等管理活动。因此，成本核算是成本管理的一项基础性工作，同时，成本管理又为成本核算的不断完善提供了方向和环境。但是，单一的成本核算方法不能满足现代成本管理决策的需要，例如，企业在进行定价决策时需要掌握特定产品的成本信息，在进行生产流程优化决策时需要掌握各个生产步骤的成本信息，在进行营销决策时需要掌握特定订单或客户的产品成本信息。不同企业应拥有与其相适应的产品成本核算模式。同一企业随着科技水平、工艺流程和管理方式的发展，也应有不同的成本核算程序与方法。为此，本制度规定，企业可以按照“多维度”、“多层次”的管理需求进行产品成本核算。

随着市场竞争的不断加剧，不同行业间的企业，甚至同一行业内的不同企业，日益呈现出追求产品差别优势、精细化管理的趋势。本制度规定企业可以根据自身生产经营特点和管理要求，确定成本核算对象、归集成本费用。计算产品的生产成本，并在实务基础上列举了制造业、农业、批发零售业、建筑业等十个行业的企业在成本核算对象方面的一般做法。本讲解以目前做法较为典型和成熟的制造企业为蓝本，介绍产品成本核算对象、产品成本核算项目和范围、产品成本归集、分配和结转等方面的实务做法，并在此基础上兼顾其他行业企业操作实践。

本章主要涉及产品成本核算对象方面的内容。

一、产品成本核算对象的确定原则

产品成本核算对象，是指为计算产品成本而确定的生产费用归集和分配的范围，是被计算成本的客体，是生产费用的归属对象和生产耗费的承担者，是计算产品成本的前提。为了正确计算产品成本，首要的就是确定成本核算对象，以便按照每一个成本核算对象，分别设置产品成本明细账（或成本计算单），来归集各个对象所应承担的生产成本，计算出各对象的总成本和单位成本。因此，正确确定产品成本核算对象，是成本核算的关键问题。

产品成本核算对象应当根据企业生产的类型，结合成本管理的要求来确定。以制造企业为例，生产类型如按生产组织来划分，可以分为大量生产、分批生产、单件生产三大类。大量生产是指不断地重复生产同品种产品的生产，如一般的纺织生产、冶金生产等。分批生产是指按照购买单位的订货或事先规定的产品批别和数量进行的生产，同品种的产品要隔一段时期才可能重复生产，如一般的纺织生产、冶金生产等。单件生产是指根据有关部门及单位的要求，生产个别的、品种不同的产品的生产，同品种的产品很少重复生产，如重型机器制造和造船等。生产类型如按工艺技术过程来划分，可分为简单生产和复杂生产两大类。简单生产是指整个工艺技术只有一个阶段，或者虽有几个阶段，但阶段之间是不能分隔的，如发电和采掘等。复杂生产是指整个工艺技术过程由若干个生产阶段所组成，并且阶段之间是可以分隔的。复杂生产按照加工方式，还可以分为连续式复杂生产和装配式复杂生产两种。连续式复杂生产，是原材料在加工成为产品之前，要经过若干个连续生产步骤，如纺织、造纸等。装配式复杂生产，通常是将各种原材料平行地进行加工，制成多种零、部件，然后再装配成产成品，如机床制造、汽车制造等。

产品成本核算对象的确定，还应当结合成本管理的要求。例如，当企业的工艺特点是简单生产时，成本核算对象就是每种产品；当企业的工艺特点虽是复杂生产，但企业在管理上不需要计算及分析半成品成本或零部件成本时，成本核算对象也是每种产品，成本核算单按每种产品来设置；当企业的工艺特点为复杂生产，且企业在管理上需要计算及分析半成品成本门，如供水、供电车间一般也采用品种法计算产品或劳务成本。

3. 品种法的核算程序

采用品种法计算产品成本，需要按以下几个步骤进行：

（1）开设成本明细账。按品种法计算产品成本需要按产品品种设置基本生产产品成本明细账，并按成本项目设置专栏。同时还要按车间或品种设置辅助生产成本明细账，并按车间设置制造费用明细账。

值得注意的是，有的企业只设置产品成本明细账，有的企业在产品成本明细账之外，还设置产品成本核算单，充分反映成本核算的过程。

（2）分配各项要素费用。凡在生产中发生的各项支出以及消耗都属于要素费用。对生产过程中发生的各项要素费用，要根据各项费用的原始凭证和其他有关资料，编制各种费用分配表，将分配的结果登记各种明细账。

①分配材料费、燃料费及外购动力费用。对生产经营活动中领用和消耗的各种材料、燃料根据领料凭证和退料凭证按用途和有关标准编制材料费用分配表，登记各明细账。对外购动力费用要根据有关原始凭证编制外购动力费用分配表，登记各明细账。

②分配直接人工费用。对企业各车间、部门发生的职工薪酬要根据工资结算等凭证编制工资薪酬分配

表，登记有关明细账。

③分配折旧费用。对企业各车间、部门使用的各种固定资产，应根据折旧方法，按使用部门和用途，编制折旧费用分配表，分配折旧费用。

（3）分配辅助生产成本。对于归集在辅助生产明细账中的各项辅助生产成本，在月末要采用适当的分配方法，编制辅助生产成本分配表，将辅助生产成本分配给各受益对象。

（4）分配基本生产车间的制造费用。对于平时归集在基本生产车间“制造费用”明细账中的各项制造费用，期末要按适当的分配方法，编制制造费用分配表，将制造费用分配转入各种产品成本。

上述辅助生产成本和制造费用属于综合费用，综合费用包含了不同的费用项目，是将多种要素费用综合在一起的费用。

（5）分配完工产品和月末在产品成本。经过上述对各项费用的分配，已经将各项生产成本全部归集到基本生产车间的各产品成本明细账中，如果某种产品既有完工产品又有在产品，就需要将归集在该产品成本明细账中的全部生产成本在完工产品与月末在产品之间进行分配，从而计算出完工产品成本。

（6）结转完工产品成本。生产车间加工完的各种产成品要陆续验收入库，月末，要将完工入库产品的成本，从生产成本总账及各产品成本明细账中结转到库存商品账户。

（二）分批法的特点、适用范围及核算程序

1. 分批法的特点

产品成本核算的分批法，是以产品批别为成本核算对象，按产品批别归集生产成本，计算产品成本的一种方法。该种方法的主要特点如下：

（1）以产品批别为成本核算对象，按产品批别设置产品成本明细账，归集生产成本。产品批别指的是企业生产计划部门签发并下达到生产车间的产品批号，也叫产品批别。根据购买者订单生产的企业，往往以一张订单规定的产品作为一批。但产品的批别与客户的订单有时候也不完全相同。如果一张订单中规定的产品品种较多，为了分别考核不同产品的生产成本，可以将一张订单分为几批组织生产；如果一张订单要求陆续交货，并且交货持续的时间较长，为了及时确定成本以便及时计算损益，也可以分成几批组织生产；如果同一时期内，在几张订单中规定有相同的产品，而且交货的时间相差不多，也可以将几张订单中相同的产品合并为一批组织生产。

（2）采用分批法时，生产成本通常应按月汇总，但由于各批产品的生产周期不一致，月末不见得完工，每批产品的实际成本通常等到该批产品全部完工后才能准确计算。

（3）一般不需要在月末分配在产品成本。按分批法计算产品成本，由于一般是在该批产品全部完工时才计算该批产品成本，所以月末如果某批产品全部完工，该批产品归集的全部生产成本就是该批产品的完工产品成本；若该批产品未完工，则全部为在产品成本。因此，采用分批法计算产品成本，月末一般不需要在完工产品与在产品之间分配生产成本。只有在一批产品跨月陆续完工陆续交货的情况下，为了按期确定损益，才需要在月末计算该批产品完工产品与在产品成本。在这种情况下，为了减少成本核算的工作量，可以采用简便的方法，即按计划单位成本、定额单位成本或最近一期相同产品的实际单位成本来计算完工产品成本，将完工产品成本从产品成本明细账转出后，余额作为在产品成本。待该批产品全部完工时再计算该批产品的实际总成本和单位成本，对已经转出的完工产品成本，不必作账面调整。

2. 分批法的适用范围

适用于采用分批法计算产品成本的企业通常有以下几种：

（1）根据购买者订单生产的企业。有些企业专门根据定货者的要求，生产特殊规格、特定数量的产品。订货者的订货可能是大型产品，如船舶、精密仪器；可能是多件同样规格的产品，如根据订货者的设计图样生产几件实验室用的特种仪器。

（2）产品种类经常变动的小规模制造厂。如生产窗把手、插销等的五金工厂，因为生产规模小，需要根据市场需要不断变动产品的种类和数量，不可能按产品设置流水线大量生产，只能是分批生产、分批计算成本。

（3）专门从事修理业务的工厂。修理业务多种多样，需要根据承接的各种修理业务分批计算修理成本。

（4）新产品试制的车间。专门试制新产品的车间，一般都是小批量进行生产，所以适用于用分批法计算产品成本。

3. 分批法的核算程序

采用分批法计算产品成本，通常经过以下步骤：

（1）按生产批号（批别）设置产品成本明细账。

（2）按产品批别分配和归集各项生产成本。采用分批法计算产品成本时，企业发生的各项生产成本，能分清是哪批产品发生的，则直接计入该批产品成本明细账。几批产品共同发生且不能直接分清各批产品分别发生多少费用的，则应先按一定的方法进行分配，其中，材料费用通常可按照定额耗用量比例法或定额费用比例法进行分配，直接人工费和制造费用通常可按照定额生产工时或实际生产工时比例法进行分配，并将分配结果分别计入各批产品成本明细账。费用分配方法与品种法相同。

（3）月末汇总各批产品的生产成本，计算完工批次的产品成本。月末，如果该批产品已全部完工，则该产品成本明细账中累计的生产成本就是该批产品的总成本，除以产量就是该批产品的单位成本。如果该批产品没有完工或没有全部完工，成本明细账中累计的生产成本就是该批产品的在产品成本。如果该批产品跨月陆续完工并陆续交货，在月末既有完工产品又有在产品的情况下，就需要按一定方法将该批产品的全部生产成本在完工产品与在产品之间进行分配。

在投产批数繁多而且月末未完工批数较多的企业中，通常采用简化的分批法来计算完工产品的成本。采用这种方法，月末只向完工批次的产品分配间接计入费用，而对于未完工批次的在产品不分配间接计入费用，不计算在产品成本。

（4）将各完工批次的产品成本从总账、基本生产二级账及各明细账中同时转出。

（三）分步法的适用范围、特点及种类

1. 分步法的适用范围

分步法是按产品的生产步骤归集生产成本，计算产品成本的一种方法。它主要适用于大量、大批的多步骤生产，例如纺织、造纸、冶金、化工、机械制造等等。在这些企业中，产品生产可以分若干生产步骤进行。例如纺织企业的生产可以分为纺纱、织布等步骤；造纸企业的生产可以分为制浆、制纸等步骤；冶金企业的生产可以分为炼铁、炼钢、轧钢等步骤；机

品完工要顺序经过若干加工步骤的生产，即将前一步骤制成的半成品送下一步骤继续加工，顺序转移，直至最后一个步骤才生产出产成品。如纺织、冶金等工业的生产属于这种类型。装配式多步骤生产，是指投入的各种原材料可在不同地点同时分别加工成零部件，再将零部件组装成产品的生产。如机床、汽车、自行车、电器、仪表等的生产属于这种类型。

由于不同企业多步骤生产的加工方式不同，所以产品成本核算的分步法又分为两大类，即逐步结转分步法和平行结转分步法。逐步结转分步法主要适用于连续式多步骤生产，而平行结转分步法则主要适用于装配式多步骤生产。下面分别介绍逐步结转分步法和平行结转分步法。

（1）逐步结转分步法。逐步结转分步法，是按产品加工的先后顺序，随着各步骤半成品的实物向下一步骤转移，将上一步骤半成品的成本也逐步从上一步骤向下一步骤结转的这样一种成本结转方法。采用分步法计算成本，实际上每一步骤生产成本的归集以及半成品成本的计算采用的都是品种法的方法。所以，可以将分步法看做是品种法的连接。就每一步骤来看，成本核算都是采用的品种法，但将各步骤的品种法连接起来就成了分步法。

（2）平行结转分步法。平行结转分步法是各步骤不计算、也不向下步骤结转半成品成本，各步骤只计算本步骤所发生的费用，并在期末将本步骤发生的费用中应由最终产成品承担的份额，平行结转给最终产成品（即结转到产品成本核算汇总表）的一种成本核算方法。

平行结转分步法主要适用于装配式多步骤生产。在大量大批装配时，多步骤生产的企业通常是在不同地点对各种原材料平行地进行加工，加工成各种零、部件，然后再将各种零、部件装配成产成品。机械制造业一般属于这种类型。在这种类型的企业中，可采用平行结转分步法计算产品成本。对连续式多步骤生产，如果管理上不要求计算各步骤半成品成本，也可以采用平行结转分步法计算产品成本。

三、其他行业企业产品成本核算对象的确定

（一）农业企业

根据企业会计准则的规定，生物资产分为消耗性生物资产、生产性生物资产和公益性生物资产。消耗性生物资产，是指为出售而持有的、或在将来收获为农产品的生物资产，包括生长中的大田作物、蔬菜、用材林以及存栏代售的牲畜等。生产性生物资产，是指为产出农产品、提供劳务或出租等目的而持有的生物资产，包括经济林、薪炭林、产畜和役畜等。公益性生物资产，是指以防护、环境保护为主要目的的生物资产，包括防风固沙林、水土保持林和水源涵养林

等。其中，消耗性生物资产是为出售而持有的生物资产，符合本制度关于产品的定义。生产性生物资产和公益性生物资产不符合本制度关于产品的定义，不适用本制度。本制度关于农业企业的规定，与《农业企业会计核算办法》（财会［2004］5号）中关于成本核算的规定基本一致。

农业通常可以分为种植业、畜牧养殖业、林业和渔业四个分行业，农业企业可以根据以上分行业的特点分别确定成本核算对象。

1. 种植业成本核算对象

种植业的成本核算对象是种植作物产品。企业可以按照种植作物的品种、作物成长期或者种植的棵数确定成本核算对象。

2. 畜牧养殖业成本核算对象

畜牧养殖业的成本核算对象是畜（禽）群及其产品。畜（禽）饲养可以实行分群饲养，也可以实行混群饲养。实行分群饲养的主要畜（禽）群按类别可以划分为：基本畜（禽）群、幼畜（禽）和育肥幼畜（禽）。其中，针对幼畜（禽），企业可以根据幼畜（禽）的成长期的长短进行细分。

3. 林业成本核算对象

林业的成本核算对象是林业作物及其产品。企业可以按照种子、苗木、木材的树种、批别、播种的年份或者林木的成长期确定成本核算对象。

4. 渔业成本核算对象

渔业的成本核算对象是水产品。企业通常以水产品的品种为成本核算对象。另外，企业可以根据自身实际情况，按照水产品的养殖面、水产品的捕捞期确定成本核算对象。例如，渔业企业原则上按产品品种、养殖过程实行分水面、分品种核算，以鱼种、成鱼分别作为成本核算对象，混养塘（即套养）以单池水面作为成本核算对象。

值得注意的是，为了适应成本管理的需要和简化核算手续，在进行农业产品的成本核算时，农业企业应当区分主要产品（作物）与次要产品（作物）。对主要产品，应当以每个种类为成本核算对象，单独核算其产品成本；对于次要产品，可以合并类别作为成本核算对象，先计算总成本，再按一定标准确定各种次要产品的产品成本。对不同收获期的同一种产品必须分别核算。从事农产品加工以及农产品制造的企业，在国民经济分类标准中，属于制造业范畴，应参照制造业进行产品成本核算。

（二）批发零售企业

批发企业，是指向生产企业或其他企业购进商品，供应给零售企业或其他批发企业用以转售，或供应给其他企业用以加工的商品流通企业。零售企业，是指从批发企业或生产企业购进商品销售给个人消费者，或销售给企事业单位等用于生产和非生产消费的商品流通企业，直接为人民生活服务。也就是说，批发与零售企业经营活动的主要内容是商品购销活动，低价购进商品、高价出售商品，以此方式实现商品进销差价，并以进销差价弥补企业在经营过程中的各项费用和税金，从而获得利润。

实务中，零售商业企业主要的经营方式包括经销和联销。经销是传统的低价购进商品，高价卖出商品。联销模式下，零售商和供应商采取合作经营的方式，供应商提供商品在商店指定区域设立品牌专柜由零售商的营业员及供应商的销售人员共同负责销售。在商品尚未售出的情况下，该商品仍属供应商所有，零售商不承担该商品的跌价损失及其他风险，零售商的营业收入按照实际销售商品的金额以及事先约定好的分成比例来确定。虽然零售商会向商品的购买方按实际销售商品的金额开具销售发票，而供应商同样要向零售商按售价扣除约定的分成比例后的金额开具发票，但很显然这些都只反映了上述交易的表象，零售商向商品的购买方收取的销售商品的款项，不代表零售商的收入，零售商按约定的分成比例支付给供应商的款项，也并不代表零售商的营业成本。

通常情况下，批发与零售企业（经销）以采购的商品作为成本核算对象，需要核算商品采购成本。但值得注意的是，目前零售商业企业的这种经销业务所占比重不大，联销业务在零售业所占的份额最大，由于联销的商品不属于零售企业，所以，零售企业不需对其采购，因而就不涉及其采购成本核算的问题。

（三）建筑企业

本制度规定，按照订立的单项合同确定成本核算对象。单项合同包括建造多项资产的，应当按照企业会计准则规定的合同分立原则，确定成本核算对象。为建造一项或数项而签订一组合同的，按照合同合并的原则确定成本核算对象。以上规定与《企业会计准则第 15 号——建造合同》的有关规定基本一致。建筑企业的成本核算方法，某种程度上类似于制造企业的分批法。

建筑工程项目的单件性（或多样性）、流动性等特点，决定了其成本核算方法类似于制造企业产品生产成本计算的分批法。单件性主要表现在三方面：一是不能按同一图纸、同一施工工艺、同一生产设备进行批量重复生产；二是施工生产组织及机构变动频繁，生产经营的“一次性”特征特别突出；三是生产过程中试验性研究课题多。流动性主要表现在两方面：一是施工机构随着建筑物或构筑物坐落位置的变化而整个地转移生产地点；二是在一个工程的施工过程中施工人员和各种机械、电气设备随着施工部位的不同而沿着施工对象上下左右流动，不断转移操作场所。因此，在实务中，建筑企业应根据施工工程项目的地点、用途、结构、施工组织、工程价款结算办法等因素，确定成本核算对象。

由于建筑企业或建筑承包商承接每一建设施工项目都必须签订建造合同（或施工合同），建造合同甲方（建设单位或客户）通常总是事先按合同编制工程预算，建造合同乙方（施工单位或建筑承包商）也总是按合同规定的工程价款、结算方式、进度与甲方结算工程价款，因此建造合同与工程成本计算对象有着密切的关系，一般情况下，建筑企业应以所签订的单项建造合同为成本核算对象，或者说，以每一独立编制的设计概（预）算或每一独立的施工图预算所列单项工程为成本核算对象。这样，不仅有利于分析工程概（预）算和施工合同的完成情况，也有利于准确核算施工合同的成本与损益。同时，值得注意的是，规模大、工期长的单位工程，也可以将一项合同分立为多个成本核算对象；同一建设项目，同一施工单位在同一施工地点，开竣工时间接近，可将同一结构类型的若干个合同合为一个成本核算对象。

（四）房地产企业

房地产开发经营活动存在自建和外包两种组织方式。对于自建的开发经营项目，应当参照建筑企业进行成本核算，本制度仅针对外包的组织方式规范相关成本核算。

房地产企业的任何一项开发建设费用都是为特定的开发项目发生的，都有其物质承担者。由于各种土地和房屋的具体用途不同，开发建设的具体内容也不相同，每一个开发项目都是按特定的设计图纸开发建设的，因此，具有单件性的特点。房地产开发建设的单件性特点，决定了成本核算对象应是具有独立的设计文件、可以独立地组织施工的开发建设项目。在上述原则基础上，产品成本核算对象主要表现形式有以下几种：

（1）以整个开发项目为成本核算对象。对于开发规模小、开发周期短、一次性全部开发的房地产项目，可以整个开发项目为成本核算对象，特点是成本核算对象的唯一性，不存在成本费用的分配，成本核算周期同项目开发周期一致。

（2）以开发期数为成本核算对象。对于开发规模较大、开发周期较长、分期开发的房地产项目，可以按开发期数为成本核算对象，特点是成本核算对象的多样性，成本费用需要归集和分配。

（3）以开发产品形态为成本核算对象。对于开发产品形态多样的房地产项目，可以各种开发产品形态为成本核算对象，特点是成本核算对象的多样性，成本费用需要归集和分配。

（五）采矿企业

采矿企业可以参照制造企业确定产品成本核算对象。实务中，企业通常以所采掘的各种产品作为最终生产成本核算对象。

要，综合考虑为运价、费率的制定提供依据的需要，来确定成本核算对象。除核算旅客周转量成本、货物周转量成本、装卸量成本之外，尚需核算货种运输成本、航线运输成本、航次运输成本、单车（或单船、单机）运输成本、分作业过程运输成本、分货种分操作过程装卸成本等。交通运输企业根据以上管理需要确定成本核算对象。

交通运输企业以运输工具从事货物、旅客运输的，一般按照航线、航次、单船（机）、基层站段等确定成本核算对象；从事货物等装卸业务的，可以按照货物、成本责任部门、作业场所等确定成本核算对象；从事仓储、堆存、港务管理业务的，一般按照码头、仓库、堆场、油罐、筒仓、货棚或主要货物的种类、成本责任部门等确定成本核算对象。

1. 铁路、汽车、水运、民航等企业

（1）铁路运输企业。铁路运输企业应对一定时期内发生的费用按一定成本核算对象汇集，以核算其运输总成本和单位成本。铁路运输成本核算以客、货运输业务作为成本核算对象。其计量单位分别为，客运成本的核算单位是千人公里，货运成本的计量单位是千计费吨公里。铁路运输成本一般按年或按季进行。

（2）汽车运输企业。汽车运输的显著特点是服务上的灵活性。具体表现在：在空间上，可以实现到门运输；在时间上，可以实现及时运输；在运货批量上，起运的批量为最小；运行条件比较容易实现，汽车运输可以在不同等级的公路上运行，甚至在等级外的公路乃至乡村便道都可以进行。

汽车运输企业的成本核算对象是客运业务和货运业务。可对客运和货运分别核算成本。为了使成本核算资料更加明细，还可以在客运货运下按不同的车型设置明细账进行明细核算。汽车运输成本核算以“千人公里”、“千吨公里”为成本核算单位。汽车运输企业应定期在每月末核算成本。

（3）水运企业。水运企业包括从事内河、海洋旅客、货物运输业务的水上运输企业。水运企业成本核算对象通常包括单船的航次、航线、业务类型（客运、货运业务）等，具体为：

①运输综合业务：以企业的旅客、货物运输业务为成本核算对象；

②客、货运的运输业务：以客运、货运（包括集装箱、干散货、油运、排运等）业务为成本核算对象；

③单船（或船舶类型）成本：以不同的船舶（或船舶类型）的运输业务为成本核算对象；

④航次运输业务成本：以经营船舶航次的运输业务为成本核算对象；

⑤航线运输业务成本：以经营船舶航行的不同区

域、线路的运输业务为成本核算对象。

关于成本核算期，内河运输业务一般以会计期作为成本核算期，海洋运输业务应以航次作为成本核算期。

作为成本核算期的航次，是指一个载货（客）单程航次。若单程空航，则以一个往返航次为一个成本核算期。航次时间的划分，依据运输生产统计办法的规定。

企业应按会计期汇总核算运输业务成本。以航次作为成本核算期的，自航次开始日起至结束日止航次期内所发生的全部营运支出，一般核算为各航次结束日所在会计期的成本。

（4）民用航空企业。民用航空企业承担运输任务，往往不是全部由一个运输企业完成的，通常有大量的国际和国内运输收入结算事项。在民航运输企业（航空公司）的供应采购过程中，企业购买燃料和材料，货币资金转化为储备资金；在营运过程中，企业要发生包括飞机等固定资产的折旧、燃料的消耗、职工薪酬及其他各项相关费用，它们构成运输、装卸等营运业务的成本。在这个过程中，储备资金转化为生产，收回货币资金，并形成运输、装卸等业务的营运收入。营运收入减去营运业务成本，即为企业的纯收入。其中一部分以税金形式上交国家财政，另一部分按规定提取公积金、公益金，并向投资人分配。上述经济活动即为民航运输企业的成本核算，要反映运输的内容。民航运输企业的成本核算，要反映运输过程中各个不同方面的生产要素的消耗，并采用以航线、机型等为成本核算对象。

民用航空企业产品成本体现为运输工具——飞机的消耗及营运过程中的管理组织费用，其中主要为飞机的有关消耗。因此航空企业的产品成本核算对象一般按照航线、单机等确定。

对于民用航空企业而言，各航段的起讫点（技术经停点除外）都在国内的航线称为国内航线；航线中任意一个起讫点（技术经停点除外）在外国领土上或在香港、澳门地区的航线相应称为国际航线、香港航线、澳门航线。经港澳地区飞往外国的航线统称为国际航线。国际航线国内段统称为国内航线。

由于一家民用航空企业往往拥有几种不同型号的飞机，而飞机型号不同，其经济技术性能也就不同，由此决定其消耗自然不同，所以在核算成本时，还要区分不同型号的飞机。民用航空企业的单位成本最后表示为“某机型每吨公里（或飞行小时）成本”。

2. 装卸、堆存、港务管理、仓储业务

（1）装卸业务。装卸业务以货物装卸业务为成本核算对象。装卸成本核算单位为“千自然吨”，也可为“千操作吨”、“千吞吐吨”。集装箱装卸成本核算单位可采用“TEU”和“千吨”两种（1TEU = 10

吞吐吨）。

企业根据管理的需要，还可以将主要货物种类、装卸操作过程、成本责任部门、作业场所等作为成本核算对象：

①将煤炭、石油、矿石、散化肥、木材、粮食、集装箱、杂货等主要货种的装卸业务作为成本核算对象；

②根据装卸费率结构，将分货种分操作过程的装卸业务作为成本核算对象；

③将装卸队、机械队等成本责任部门的装卸业务作为成本核算对象；

④将码头、泊位等作业场所的装卸业务作为成本核算对象。

（2）堆存业务，以仓库、堆场、油罐、筒仓、货棚等的货物堆存业务作为成本核算对象。堆存成本核算单位为“千堆存吨天”。

（3）港务管理业务，以港务管理业务为成本核算对象。港务管理业务一般核算总成本，不核算单位成本。

企业根据经营管理的需要，还可以核算码头管理、引航管理、航道管理、铁路专用线管理、系解缆管理等单项港务管理业务成本。

（4）仓储业务，一般以码头、仓库、货棚等确定成本核算对象。

（七）信息传输企业

信息传输与一般制造企业相比较为特殊。它的生产活动主要是利用电信网络为用户提供各类媒体信息的传递条件，通过迅速可靠地传送信息来完成对用户的服务。在这个生产过程中，没有实物产品，生产和消费是同步的，不可分割，生产的过程也是用户消费的过程。

电信业务经营范围已涵盖固网语音、移动、宽带、增值业务、综合信息服务等，客户包括政企客户和公众客户等。不同业务和客户可以组合成不同的套餐，即使对于同类客户使用同种服务，有的客户需要大量标准服务而很少特殊要求，有的客户则需要定制差异化的服务，由此构成复杂的业务、客户和需求组合，需要制定多种定价策略，因此，需要多元化的成本信息。在成本核算方面体现出多样化的特点。

信息传输企业一般按照基础电信业务、电信增值业务、其他信息传输业务等主要业务类型来确定成本核算对象。

其中，基础电信业务，是指提供公共网络基础设施、公共数据传送和基本话音通信服务的业务。具体包括以下九种：

（1）固定网络国内长途及本地电话业务；

（2）移动网络电话和数据业务；

（3）卫星通信及卫星移动通信业务；

（4）互联网及其他公共数据传送业务；

（5）带宽、波长、光纤、光缆、管道及其他网络元素出租、出售业务；

（6）网络承载、接入及网络外包等业务；

（7）国际通信基础设施、国际电信业务；

（8）无线寻呼业务；

（9）转售的基础电信业务。

电信增值业务，是指凭借公用电信网的资源和其他通信设备而开发的附加通信业务，其实现的价值使原有网路的经济效益或功能价值增高。有时称之为增强型业务。增值业务广义上分成两大类：一是以增值网（VAN）方式出现的业务。例如，租用高速信息组成的传真存储转发网、会议电视网、专用分组交换网、虚拟专用网（VPN）等；二是以增值业务方式出现的业务。如数据检索、数据处理、电子数据互换、电子信箱、电子查号、电子文件传输等等业务。

实务中，企业通常根据经营管理需要，将固网语音、移动语音、互联网接入、资源出租、互联网类信息服务、增值业务、号百信息服务、IT 服务及应用等有关业务作为成本核算对象。

（八）软件及信息技术服务企业

按照国际惯例，软件产业包括软件产品和软件服务两大部分。计算机软件产品是能被计算机存储和读入并指示计算机从事特定工作的编码程序，主要包括系统软件、支撑软件、应用软件等；计算机软件服务是指与计算机软件相关的服务内容，主要包括信息系统集成、动态服务器页面（Active Server Page，简称ASP）、信息系统运行与维护服务、数据中心与资源外包服务、数据加工与处理服务、信息系统咨询与评估服务、信息系统工程监理、软件与信息系统管理人才工程化培训等。软件产品的特殊性主要表现为：一方面，软件产品工作流程的关键是母版的研制过程，通常具有以下特点：（1）开发成本很高、产品复制的边际成本很低；（2）沉没成本很高、付现成本很低；（3）人工成本很高、材料成本很低。另一方面，软件产品的子版批量复制过程周期短、工艺简单，类似于制造企业的批量生产过程。为此，本制度规定，软件及信息技术服务企业的科研设计与软件开发等人工成本比重较高的，一般按照科研课题、承接的单项合同项目、开发项目、技术服务客户等确定成本核算对象。

（九）文化企业

根据我国国家统计局的划分，文化、体育和娱乐业主要包括：新闻和出版业；广播、电视、电影和影视录音制作业；文化艺术业（文艺创作与表演、艺术表演场馆等）。新闻出版业包括出版单位、发行企业、报业单位和印刷、复制及印刷物资供应企业等。相应地，文化企业应当根据其制作的产品特点，确定产品成本核算对象。

1. 出版单位的成本核算对象

出版物的类型比较多，成本核算对象也应该分别确定。其中，图书应按品种分版（印）次核算；期刊按单一品种分期次核算；音像制品、电子出版物及投影片（含缩微制品）按品种分批次核算。

上述对成本核算对象的确定，实际上是同时涉及了品种法和分批法两种成本核算方法。按品种强调了单品种核算，分印（期、批）次则强调了核算每个品种不同印（期、批）次的成本。

在确定成本核算对象时，以下几种特殊情况需要妥善处理：

（1）发生书配盘（带）或盘（带）配书时，以有定价的一方作为成本核算对象，无定价的一方视为另一方的成本组成部分。书或盘都有定价的，应分别核算。

（2）正在制作过程中的同印（期、批）次出版物需要增加制作数量时，如果能同印（期、批）次制作，应当将增加的数量、成本并入本印（期、批）次出版物；如果不能同印（期、批）次制作，应按新的印（期）、批次核算。

（3）出版物为刊登广告而加版、加页、加时的生产成本，可按广告成本单独核算，不计入生产成本。

（4）由一个以上部门共同完成一种出版物时，因涉及到出版单位的内部部门核算及费用分摊，应确定成本核算的归属部门，非归属部门发生的、应计入该出版物成本的间接费用（包括内部），可以采取内部转账的办法，作为直接成本计入该出版物。

（5）与其他出版单位共同投资、由本单位出版的出版物，应纳入本单位成本核算范围。

2. 报业单位的成本核算对象

报业单位的产品主要是报纸。报纸在生产过程中耗费的主要材料是新闻纸，同时，还需要有 PS 版及软片等材料。排版、制版、印刷的过程是在印刷机构进行的。因此，报纸的成本及费用组成除纸张等原辅材料外，还包括印制成本，同时，构成报纸成本的还有报纸编辑业务所发生的费用。

报纸成本构成的项目可分为：纸张材料费、排版费、印制费、采编费用以及应当包含在报纸生产中的其他直接费用。

报纸生产一般是以销定产，其销售数量通常在前一年末已基本确定，产品有日报或周报等形式。当期发生的费用都能确认为当期成本，并全部转入库存商品中，没有在产品。

3. 书刊、报纸印刷企业的成本核算对象

书刊、报纸印刷具有连续、多品种生产和分阶段结算产品的特点，要求印刷产品成本核算采用分类与分批相结合的方法。在实际工作中，一般按产品类别、定单、批量等作为成本核算对象。在分批核算成本的基础上，也可按“本”、“件”、“张”计算成本。

4. 音像电子出版企业的成本核算对象

音像电子出版物的复制，是将母带、母盘上的信息进行批量翻录的生产活动，要求企业按产品载体形式（产品品种）归集产品生产费用，一般将母带、子带、CD 母盘、CD 子盘、DVD 母盘、DVD 子盘等品种作为产品成本的核算对象。企业可按上述分类产品分别核算产品成本。

5. 电影制片、洗印企业的成本核算对象

一般来说，制片企业各片种影片成本（包括总成本和单位成本）的核算，均应以影视片剧目的片名为成本核算对象，如果为简化核算手续，采用彩色、黑白影片或者采用 35mm、16mm 影片毫别等其他划分成本核算对象的，仍应当按照片名进行成本考核。洗印企业生产印刷发行拷贝属于单品种的批量生产，应当按影片节目分批、分规格（如影片毫别等）核算总成本，然后再计算每个拷贝的单位成本。对于单一的校正拷贝、标准拷贝、翻正、翻底、国际声带等素材，可以按照产品的品名和规格作为成本核算对象。

第三章　产品成本核算项目和范围

企业产品成本范围，通常是指成本费用要素，即企业生产经营中所耗费的资源；企业产品成本核算项目，通常是指将成本费用要素按照特定原则进行分类组合。本章主要对企业产品成本核算的项目和范围进行讲解，包括企业产品成本范围的有关内容，确定产品成本核算项目的基本原则，以制造企业为蓝本规定的通常做法，以及其他相关行业的实践。

根据马克思关于产品成本的论述，成本是为取得各项生产要素、产品或劳务，以及为实现特定经济目的而发生的耗费，包括原材料、人力以及各种自然资源等耗费。以上关于成本的定义反映了成本核算的范围和主要项目。

但是，传统成本核算偏重于直接材料、直接人工和制造费用三大类，且内容不够全面，具体体现在：重实物资产、轻无形资产；重内部消耗，轻环境成本；以及人工成本的归集不完整等。随着社会经济的发展，企业管理要求的提高，成本概念和内涵都在不断地发展、变化，成本范围逐渐地扩大，传统成本定位已经不能满足当前经济社会可持续发展的需要。企业会计准则发布后，产品成本核算从理念、内涵到具体内容都产生了较大的变化，例如，对固定资产进行初始确认时考虑弃置费用因素，从而通过折旧将环保责任引入了产品成本；考虑到技术创新在生产经营中日益重要的地位，允许符合条件的无形资产摊销金额计入相关存货的成本；明确符合条件的各类职工薪酬应当计入资产成本，完整计量人工成本等。可见，企业会计准则体系下的产品成本内涵更加丰富，能够更完整地反映企业为取得产品而发生的人、财、物以及自然资源等全方位的耗费。本制度依据企业会计准则，在以往制度办法的实践基础上，对产品成本核算范围和项目进行了补充和完善。

一、确定产品成本核算项目和范围的基本原则

企业产品成本核算，是将企业发生的各项生产成本分配计入产品成本，从而计算出产品的总成本和单位成本的过程。为了正确进行成本核算，首先需要对生产费用按一定标准进行分类，从而确定相关成本项目。

（一）生产费用按经济用途分类

生产费用的经济用途，是指生产成本在生产产品或提供劳务过程中的实际用途。生产费用按经济用途分类，通常称为成本项目，也就是构成产品生产成本的项目。

按经济用途分类，能够反映出费用与产品的关系，揭示产品成本的构成内容，便于进一步分析费用支出的合理性和结构水平，为挖掘企业降低成本的潜力创造了有利条件。

（二）生产费用按经济内容进行分类

生产费用按经济内容进行分类，是指在生产过程中消耗了什么。消耗了多少活劳动，消耗了哪些物化劳动。生产费用按经济内容分类通常称为费用要素，凡为生产产品和提供劳务而开支的货币资金以及消耗的各项实物资产，均称为费用要素。以制造企业为例，其生产费用一般可分为以下几项要素费用。

1. 外购材料：指企业为了生产产品和提供工业

性劳务而消耗的由外部购入的原料及主要材料、辅助材料、外购半成品、外购周转材料（如包装物和低值易耗品）等。

2. 外购燃料：指企业为生产产品和提供劳务而耗用的一切外购的各种固体、液体和气体燃料。

3. 外购动力：指企业为生产产品和提供劳务而耗用的一切由外部购入的电力、蒸汽等各种动力。

4. 职工薪酬：指《企业会计准则第9号——职工薪酬》规定的，企业为生产产品和提供劳务而发生的如职工工资、福利费、各项社会保险及住房公积金等（本讲解涉及的“职工薪酬”均为此义）。

5. 折旧费：指企业的生产单位（车间、分厂）按规定计提的固定资产折旧费。

6. 其他支出：指企业为生产产品和提供劳务而发生的不属于以上要素费用的费用支出。如车间发生的办公费、差旅费、水电费、保险费等。

对生产费用按生产要素内容分类，有助于了解生产过程中物化劳动和活劳动的耗费情况。

（三）生产费用按与产品生产的关系分类

生产费用按与产品生产的关系分类，可分为直接费用和间接费用两类。

（1）直接费用：指消耗以后能够形成产品实体或有助于产品形成的费用，如直接材料费、直接人工费、机器设备折旧费等。

（2）间接费用：指消耗后与产品的形成没有直接关系的费用，如车间管理人员的职工薪酬、车间办公费、保险费、取暖费，等等。

（四）生产费用按计入产品成本的方法分类

生产成本按计入产品成本的方法不同，可以分为直接计入费用和间接计入费用两类。

（1）直接计入费用：指发生后能分清是哪种产品耗用的、可以直接计入某种产品成本的生产成本。如A产品耗用了甲材料500千克，材料费4000元。

（2）间接计入费用：指几种产品共同耗用的，而且不能直接分清哪种产品耗用了多少的生产成本。间接计入费用不能直接计入某种产品成本，而必须先按照一定标准进行分配，然后将分配结果分别计入各种产品成本。

二、关于制造企业的产品成本核算项目和范围的确定

本制度按照生产费用的经济用途，划分了制造企业产品成本核算项目。

（一）直接材料

直接材料包括企业生产过程中实际消耗的原材料、辅助材料、设备配件、外购半成品、包装物以及其他直接材料。

（二）燃料和动力

燃料和动力是指直接用于产品生产的燃料和动力。制造企业生产过程中耗费的燃料和动力较少或其他原因，也可以不单独设立此项目，而在直接材料项目中核算。

（三）直接人工

直接人工包括企业直接从事产品生产人员的工资薪酬、福利费以及各项社会保险、住房公积金等职工薪酬。

（四）制造费用

制造费用是指企业为生产产品和提供劳务而发生的各项间接费用。包括生产部门（车间、分厂等）为组织和管理生产发生的间接费用，和一部分不便于直接计入产品成本，而没有专设成本项目的直接费用，如生产部门所发生的水电费、管理人员的职工薪酬、固定资产折旧、无形资产摊销、机物料消耗、低值易耗品摊销、取暖费、办公费、劳保费、国家规定的有关环保费用、季节性和修理期间内的停工损失、废品损失、运输费、保险费，等等。

在本制度规定的以上四个主要成本核算项目之外，制造企业还可以根据生产特点和企业管理的要求适当增加一些项目，如“废品损失”、“停工损失”等项目。此外，企业也可以按照生产要素的经济内容或其他方式，确定成本核算项目。

值得注意的是，关于制造费用的范围是企业产品成本核算合规性的重点和难点。例如：

1. 停工损失

停工损失是指企业的生产车间在停工期间发生的各种费用支出。企业的停工可以分为正常停工和非正常停工。正常停工包括季节性停工、正常生产周期内的修理期间的停工损失、计划内减产停工等；非正常停工包括原材料或工具等短缺停工、设备故障停工、电力中断停工、自然灾害停工等。本制度规定，季节性停工、修理期间的正常停工费用在产品成本核算范围内，应计入产品成本。非正常停工费用应计入企业当期损益。

2. 废品损失

废品损失，是指因产生废品而造成的损失。废品损失主要包括可修复废品的修复费用和不可修复废品的成本减去废品残值后的报废损失。对正常废品范围内的废品损失，计入制造费用；对于超过正常废品范围的废品损失，计入管理费用。

三、关于制造企业以外的其他企业产品成本核算项目和范围的确定

（一）农业企业

农业企业一般按照行业分别设置“农业生产成本”、“畜牧养殖业生产成本”和“林业生产成本”、“渔业生产成本”一级科目，核算农产品发生的实际

成本。在“农业生产成本”、“畜牧养殖业生产成本”和“林业生产成本”、“渔业生产成本”下再设立“直接材料”、“职工薪酬”、“机械作业费”、“其他直接费用”、“间接费用”等项目，从而进行成本核算。

其中，值得注意的是：

农业企业的“机械作业费”项目，是指种植业生产过程中农用机械进行耕耙、播种、施肥、除草、喷药、收割、脱粒等机械作业所发生的费用，实务中通常还包括机械作业过程中的直接耗用的燃料、润滑油等、机务人员的职工薪酬以及农机具折旧费等。

“其他直接费用”项目，实务中通常包括种植业生产过程中的灌溉费，畜牧养殖业生产过程中的饲养家禽直接耗用的燃料、动力费、禽畜防治病害的医药费、畜禽专用固定资产的折旧费以及渔业生产过程中的清塘费等。

“间接费用”类似于制造费用，通常包括有关生产部门发生的管理人员的职工薪酬、固定资产的折旧费、机物料消耗、低值易耗品摊销、劳动保护费、水电费、办公费、保险费、正常停工损失等费用。

（二）批发零售企业

批发与零售企业以采购的商品作为成本核算对象，需要核算商品采购成本。商品采购成本是企业因购进商品而发生的各项支出，包括进货成本、按规定应计入成本的税金和采购费，成本核算项目相对单一。其中，关于进货成本，应按照进货渠道，分别国内购进商品进价成本和国外购进商品进价成本进行计算。国内购进商品进价成本，其采购成本为进货原价或进价。国外购进商品进价成本，其采购成本包括进价、进口关税、消费税、委托代理进口费用等。

（三）建筑企业

建筑企业一般设立直接人工、直接材料、机械使用费、其他直接费用、间接费用等成本项目。

1. 直接人工

直接人工核算的内容，包括按照国家规定支付给施工过程中直接从事建筑安装工程施工的工人以及在施工现场直接为工程制作构件和运料、配料等工人的职工薪酬。

2. 直接材料

直接材料核算的内容，包括在施工过程中所耗用的、构成工程实体的材料、结构件和有助于工程形成的其他材料以及周转材料的摊销费和租赁费。具体来说，主要包括材料原价、采购及保管费、周转材料的摊销费和租赁费、材料检验试验费、材料运杂费、运输损耗费等。

3. 机械使用费

机械使用费核算的内容，包括施工过程中使用自有施工机械所发生的机械使用费，使用外单位施工机械的租赁费，以及按照规定支付的施工机械进出场费。具体来说，主要包括折旧费、正常生产周期内的大修理费、安装费及场外运费、燃料动力费、养路费及车船费等。

4. 其他直接费

其他直接费核算的内容，包括施工过程中发生的材料二次搬运费、临时设施摊销费、生产工具用具使用费、检验试验费、工程定位复测费、场地清理费等。因订立合同而发生的有关费用，能够单独区分和可靠计量且合同很可能订立的，应当予以归集，待取得合同时计入合同成本，未满足上述条件的，计入当期损益。

5. 间接费用

间接费用，是指企业各施工单位为组织和管理工程施工所发生的全部支出，包括施工单位管理人员职工薪酬、行政管理用固定资产折旧费、物料消耗、低值易耗品摊销、取暖费、水电费、办公费、差旅费、财产保险费、检验试验费、工程保修费、劳动保护费、排污费及其他费用。值得注意的是，企业行政管理部门为组织和管理施工生产经营活动而发生的管理费用和财务费用应当作为期间费用，直接计入当期损益。工程项目现场发生的管理费用一般应计入产品成本。此外，由于与工程项目直接相关且正常建造周期内可预见的原因，工程项目自身原因（如因业主和其他第三方单方面原因导致的不可预见的等待检验期间）造成的停工损失和其他损失，季节性的正常停工损失以及因业主原因导致的停工损失和其他损失，一般应计入该工程项目的成本，由于本单位管理等原因造成的损失，应计入当期损益。

6. 分包成本

有关法律法规对工程分包的条件作出了明确规定。例如：

（1）根据《建筑法》的有关规定，建筑工程总承包单位可以将承包工程中的部分工程发包给具有相应资质条件的分包单位；但是，除总承包合同中约定的分包外，必须经建设单位认可。这种认可应通过两种方式：

①在总承包合同中规定分包的内容；

②在总承包合同中没有规定分包内容的，应当事先征得建设单位的同意。但是，劳务作业分包由劳务作业发包人与劳务作业承包人通过劳务合同约定，可不经建设单位认可。

此外，分包单位不得再分包（即转包）。

（2）根据《房屋建筑和市政基础设施工程施工分包管理办法》的有关规定，除专业承包企业可以将其承包工程中的劳务作业发包给劳务分包企业外，专业分包工程承包人和劳务作业承包人都必须自行完成所承包的任务。

（3）根据《建设工程质量管理条例》的有关规

定，违法分包是指下列行为：

①总承包单位将建设工程分包给不具备相应资质条件的单位的；

②建设工程总承包合同中未有约定，又未经建设单位认可，承包单位将其承包的部分建设工程交由其他单位完成的；

③施工总承包单位将建设工程主体结构的施工分包给其他单位的；

④分包单位将其承包的建设工程再分包的。

因此，本制度进一步明确规定，分包成本是指按照国家规定开展分包。建筑企业应当按照国家规定规范分包行为，并按本制度进行成本核算。

此外，值得注意的是，建筑企业可能在合同建造过程中因资金周转等原因向银行借入款项，发生借款费用。在合同建造期间发生的借款费用，符合《企业会计准则第17号——借款费用》规定的资本化条件的，应当计入合同成本。合同完成后发生的借款费用，应计入当期损益，不再计入合同成本。

（四）房地产企业

房地产开发经营活动在产品成本核算项目设置上具有特点。目前，房地产企业通常根据《施工、房地产开发企业财务制度》以及《房地产开发企业会计制度》，以房地产开发流程为基本依据的项目设置，包括：（1）土地征用及拆迁补偿费；（2）前期工程费；（3）建筑安装工程费；（4）基础设施建设费；（5）公共配套设施费；（6）开发间接费用。国税发［2009］第31号文件第二十七条将开发产品计税成本支出内容分为六个项目，也与上述六个项目基本一致。本制度结合现行有效做法，规定房地产企业的成本核算项目主要包括：

1. 土地征用及拆迁补偿费，是指为取得土地开发使用权而发生的各项费用，在实务中通常可以按照管理要求进一步分为以下几类：

（1）土地买价及市政配套费，包括支付的土地出让金、向政府部门交纳的大市政配套费、契税、土地使用费、耕地占用税，土地变更用途和超面积补交的地价等。

（2）合作款项：补偿合作方地价、合作项目建房转入分给合作方的房屋成本、相应税金等。

（3）红线外市政设施费：红线外道路、水、电、气、通讯等建造费、管线铺设费、接口补偿费。

（4）拆迁补偿费：有关地上、地下建筑物或附着物的拆迁补偿净支出，安置及动迁支出，农作物补偿费，危房补偿费等。

2. 前期工程费，是指项目开发前期的政府许可费、招标代理费、水文地质勘察、测绘、规划、设计、可行性研究、筹建等费用，在实务中，通常可以按照管理要求进一步分为以下几类：

（1）勘察设计费，包括勘测丈量费、规划设计费、建筑研究用房费等，体现为水文、地质、文物和地基勘察费，沉降观测费，日照测试费、拨地钉桩验线费、复线费、定线费、施工放线费、建筑面积丈量、方案招标费、规划设计模型制作费、方案评审费、效果图设计费、总体规划设计费，施工图设计费、修改设计费、环境景观设计费，可行性研究费、制图、晒图、赶图费、样品制作费等。

（2）报批报建增容费，包括报批报建费（安检费、质检费、标底编制费、交易中心手续费、人防报建费、消防配套设施费、散装水泥集资费、白蚁防治费、墙改基金、建筑面积丈量费、路口开设费等、规划管理费、新材料基金或墙改专项基金、教师住宅基金或中小学教师住宅补贴费、拆迁管理费、招投标管理费等）、项目整体性报批报建费。

（3）“三通一平”费，包括临时道路的设计、建造费用、临时用电（接通红线外施工用临时用电规划设计费、临时管线铺设、改造、迁移、临时变压器安装及拆除费用）、临时用水（接通红线外施工用临时给排水设施的设计、建造、管线铺设、改造、迁移等费用）、场地平整费（基础开挖前的场地平整、场地清运、旧房拆除等费用）。

（4）临时设施费，包括临时围墙的设计建造装饰费用、临时办公室的租金以及建造装饰费用、临时场地占用费（施工用临时占道费、临时借用空地租费等）、临时围板的设计建造装饰费用等。

3. 建筑安装工程费，是指开发项目在开发过程中发生的各项主体建筑的建筑工程费、安装工程费及精装修费等。

其中，关于建筑工程费，在实务中，通常可以按照管理要求进一步分为以下几类：

（1）基础造价。主要包括土石方、桩基、护壁（坡）工程费，基础处理费、桩基咨询及检测费等。

（2）结构及粗装修造价。主要包括砼框架（含独立柱基和条基等浅基础）、砌体、找平及抹灰、防水、垂直运输、脚手架、超高补贴、散水、沉降缝、伸缩缝、底层花园砌体（高层建筑的裙楼有架空层，原则上架空层结构列入裙楼，有转换层结构并入塔楼）。

（3）门窗工程。主要包括单元门、入户门、户内门、外墙门窗、防火门的费用。

（4）公共部位精装修费。主要包括大堂、电梯厅、楼梯间、屋面、外立面及雨蓬的精装修费用。

（5）户内精装修费。主要包括厨房、卫生间、厅房、阳台、露台的精装修费用。

关于安装工程费，在实务中，通常可以按照管理要求进一步分为以下几类：

（1）室内水暖气电管线设备费。主要包括室内给排水系统费、室内采暖系统费、室内燃气系统费、室内电气工程费等。

（2）室内设备及其安装费。主要包括通风空调系统费、电梯及其安装费、发电机及其安装费、消防系统费、人防设备及安装费等。

（3）弱电系统费。主要包括 居家防盗系统费（阳台及室内红外探测防盗、门磁、紧急按扭等）、对讲系统费用、水电气远程抄表系统费用、有线电视费用（有线电视、卫星电视主体内外布线及终端插座费用）、电话系统内外布线及终端插座费用、宽带网内外布线及终端插座费用等。

4. 基础设施建设费，是指开发项目在开发过程中发生的道路、供水、供电、供气、供暖等社区管网工程费和环境卫生、园林绿化等园林、景观环境工程费用等。

其中，关于社区管网工程费，在实务中，通常可以按照管理要求进一步分为以下几类：

（1）室外给排水系统费。主要包括室外给水系统费（小区内给水管道、检查井、水泵房设备及外接的消火栓等费用）、雨污水系统费用等。

（2）室外采暖系统费。主要包括管道系统、热交换站、锅炉房费用等。

（3）室外燃气系统费。主要包括管道系统、调压站等费用。

（4）室外电气及高低压设备费。主要包括高低压配电设备及安装费用、室外强电管道及电缆敷设费用、室外弱电管道埋设等费用。

（5）室外智能化系统费。主要包括停车管理系统费用、小区闭路监控系统费用、周界红外防越系统费用、小区门禁系统费用、电子巡更系统费用、电子公告屏费用等。

关于园林环境工程费，主要包括：

（1）绿化建设费。

（2）建筑小品费，如雕塑、水景、环廊、假山等费用。

（3）道路、广场建造费。

（4）围墙建造。

（5）室外照明费，如路灯、草坪灯等。

（6）室外背景音乐费。

（7）室外零星设施费（儿童游乐设施、各种指示牌、标识牌、示意图、垃圾桶、座椅、阳伞等）。

5. 公共配套设施费，是指开发项目内发生的、独立的、非营利性的且产权属于全体业务的，或无偿赠予地方政府、政府公共事业的公共配套设施费用等。在房地产的开发过程中，根据有关法规，产权及收益权不属于开发商，开发商不能有偿转让也不能转作自留固定资产的公共配套设施支出，主要包括以下几类：

（1）在开发小区内发生的不会产生经营收入的不可经营性公共配套设施支出，包括居委会、派出所、岗亭、儿童乐园、自行车棚等。

（2）在开发小区内发生的根据法规或经营惯例，其经营收入归于经营者或业委会的可经营性公共配套设施的支出，如建造幼托、邮局、图书馆、阅览室、健身房、游泳池、球场等设施的支出。

（3）开发小区内城市规划中规定的大配套设施项目不能有偿转让和取得经营收益权时，发生的没有投资来源的费用。

（4）对于产权、收入归属情况较为复杂的地下室、车位等设施，应根据当地政府法规、开发商的销售承诺等具体情况确定是否摊入本成本项目。如开发商通过补交地价或人防工程费等措施，得到政府部门认可，取得了该配套设施的产权，则应作为经营性项目独立核算。

6. 开发间接费，是指企业为直接组织和管理开发项目所发生的，且不能将其直接归属于成本核算对象的工程监理费、造价审核费、结算审核费、工程保险费等。在实务中，通常可以按照管理要求进一步分为以下几类：

（1）工程管理费。主要包括工程监理费、支付给造价咨询公司的预结算编制、审核费用，直接从事项目开发的部门人员的职工薪酬及直接从事项目开发的部门的行政费用、施工合同外奖金，支付给建设主管部门的质监费、安全监督费和工程保险费。

（2）营销设施建造费。主要包括广告设施及发布费、销售环境改造费（会所、销售区域销售期间的现场设计、工程、装饰费）、临时销售通道的工程费用、售楼处装修装饰费、样板间费用等。

（3）物业管理完善费。主要包括按规定应由开发商承担的由物业管理公司代管的物业管理基金、公建维修基金或其他专项基金，以及小区入住前投入的物业管理费用。

7. 借款费用，是指符合企业会计准则所规定的资本化条件的借款费用。主要包括直接用于项目开发所借入资金的利息支出、折价或溢价摊销和辅助费用（包括手续费），以及因外币专门借款而发生汇兑差额等。

（五）采矿企业

采矿企业的产品成本核算范围和项目一直是近年来备受关注的问题。由于其生产资料（矿产资源）具有不可再生的特点，其产品成本一般包括以下方面：

1. 构成产品的实体矿物质的资源价款。不同于一般工业生产，采矿企业地下矿藏资源的取得是第一位的约束条件。与矿产资源的取得，包括勘探、规划、设计等项活动相关的必要费用支出，构成了煤炭产品生产的必要成本，例如，油气资产折耗（摊销）。

2. 为取得矿产品的实体矿物质而耗费的生产资料的价格。一般工业企业基本建设完成后就可以外购原材料进行连续生产。采矿企业则不同，建矿完成后，在开采过程中还需要不断地向外围扩展或向深层延伸，以开辟新的作业场所。采矿基建投资的持续性要求在生产经营过程中必须及时、足额地补偿维持简单再生产的费用，从而使得生产经营能够正常维持下去，应当计入产品成本。

3. 产品生产过程的生态保护与环境治理所耗费的必要支出。采矿开采通常在空中、地表、地下三个层面立体地破坏着生态环境，是引起环境污染的重要原因之一。因此，在整个生产过程中，必须不断地投入资金保护环境、治理污染。这部分费用应当在成本构成中得到体现。值得注意的是，根据《企业会计准则第 4 号——固定资产》应用指南的规定，弃置费用通常是企业在购置固定资产时或者在特定期间内出于生产存货以外的其他目的而使用有关固定资产时所产生的如拆卸、搬运和场地清理义务等支出。企业应当根据《企业会计准则第 13 号——或有事项》的规定，按照现值计算确定应计入固定资产成本的金额和相应的预计负债。有关资产的弃置费用，应当按照《企业会计准则第 27 号——石油天然气开采》的规定处理。企业在特定期间内由于使用有关固定资产生产存货而发生相关支出的，不属于本解释所称弃置费用，应当计入生产当期的生产成本或期间费用。

4. 产品生产全过程所使用劳动力价值的补偿费用。劳动力的再生产规律，要求在产品成本构成中要包括生产全过程所耗费的劳动力的价值，在现实中表现为职工薪酬。随着社会生产力的发展，再生产劳动力所要的生活资料和劳务的数量在不断增加，应充分在产品成本中得到体现和补偿。

5. 产品运销过程中所发生的生产性费用。采矿企业的生产具有系统性，从开始勘探、建矿，到生产、销售，直至闭井，构成了一个系统产业链条。在这一完整的生产过程中，为组织和管理厂（矿）采掘生产所发生的有关支出也应计入产品生产成本。

综上，本制度将以上生产要素基本都纳入了成本范围，并规定采矿企业一般设置直接材料、燃料和动力、直接人工、间接费用等成本项目。采矿企业应按成本项目设置“生产成本”科目，其明细科目可以包括以下方面的内容：

（1）原料及主要材料，指直接用于生产产品，构成产品实体的各种原材料、自制及外购半成品。如铁精粉所用铁矿石、烧结球团所用铁精粉等。

（2）辅助材料，指直接用于产品生产，虽不能构成产品实体，但有助于产品形成的材料及备品备件等。如采矿所用炸药、选矿所用钢球、烧结球团所用熔剂料等。

（3）燃料，指在生产过程中消耗的各项能源物资。如煤、柴油等。

（4）动力，指在生产过程中消耗的各项介质性物资，如直接用于生产的水、电、风、汽等。

（5）直接职工薪酬，指为直接参加产品生产人员支付的各种形式报酬以及其他相关支出。

（6）外部委托生产费用，指把生产工序中的某个环节对外承包，按实际业务量结算的生产费用。

（7）安全生产费。《关于印发〈企业安全生产费用提取和使用管理办法〉的通知》（财企［2012］16号）规定，安全生产费用是指企业按照规定标准提取在成本中列支，专门用于完善和改进企业或者项目安全生产条件的资金。

企业应当按照企业会计准则的有关规定，对安全生产费用进行会计处理：①按照国家规定提取的安全生产费，应当计入相关产品的成本或当期损益，同时，记入“专项储备”科目。②企业使用提取的安全生产费时，属于费用性支出的，直接冲减专项储备。企业使用提取的安全生产费形成固定资产的，应当通过“在建工程”科目归集所发生的支出，待安全项目完工达到预定可使用状态时确认为固定资产；同时，按照形成固定资产的成本冲减专项储备，并确认相同金额的累计折旧。该固定资产在以后期间不再计提折旧。“专项储备”科目期末余额在资产负债表所有者权益项下“减：库存股”和“盈余公积”之间增设“专项储备”项目反映。

企业应当按照国家有关规定，确定安全生产费的使用范围、专户核算、结余的用途等事项。

注：《企业安全生产费用提取和使用管理办法》规定：

煤炭生产企业安全费用应当按照以下范围使用：

①煤与瓦斯突出及高瓦斯矿井落实“两个四位一体”综合防突措施支出，包括瓦斯区域预抽、保护层开采区域防突措施、开展突出区域和局部预测、实施局部补充防突措施、更新改造防突设备和设施、建立突出防治实验室等支出。

②煤矿安全生产改造和重大隐患治理支出，包括“一通三防”（通风，防瓦斯、防煤尘、防灭火）、防治水、供电、运输等系统设备改造和灾害治理工程，实施煤矿机械化改造，实施矿压（冲击地压）、热害、露天矿边坡治理、采空区治理等支出。

③完善煤矿井下监测监控、人员定位、紧急避险、压风自救、供水施救和通信联络安全避险“六大系统”支出，应急救援技术装备、设施配置和维护保养支出，事故逃生和紧急避难设施设备的配置和应急演练支出。

④开展重大危险源和事故隐患评估、监控和整改支出。

⑤安全生产检查、评价（不包括新建、改建、扩建项目安全评价）、咨询、标准化建设支出。

⑥配备和更新现场作业人员安全防护用品支出。

⑦安全生产宣传、教育、培训支出。

⑧安全生产适用新技术、新标准、新工艺、新装备的推广应用支出。

⑨安全设施及特种设备检测检验支出。

⑩其他与安全生产直接相关的支出。

非煤矿山开采企业安全费用应当按照以下范围使用：

①完善、改造和维护安全防护设施设备（不含“三同时”要求初期投入的安全设施）和重大安全隐患治理支出，包括矿山综合防尘、防灭火、防治水、危险气体监测、通风系统、支护及防治边帮滑坡设备、机电设备、供配电系统、运输（提升）系统和尾矿库等完善、改造和维护支出以及实施地压监测监控、露天矿边坡治理、采空区治理等支出；

②完善非煤矿山监测监控、人员定位、紧急避险、压风自救、供水施救和通信联络等安全避险“六大系统”支出，完善尾矿库全过程在线监控系统和海上石油开采出海人员动态跟踪系统支出，应急救援技术装备、设施配置及维护保养支出，事故逃生和

紧急避难设施设备的配置和应急演练支出；

③开展重大危险源和事故隐患评估、监控和整改支出；

④安全生产检查、评价（不包括新建、改建、扩建项目安全评价）、咨询、标准化建设支出；

⑤配备和更新现场作业人员安全防护用品支出；

⑥安全生产宣传、教育、培训支出；

⑦安全生产适用的新技术、新标准、新工艺、新装备的推广应用支出；

⑧安全设施及特种设备检测检验支出；

⑨尾矿库闭库及闭库后维护费用支出；

⑩地质勘探单位野外应急食品、应急器械、应急药品支出；

⑪其他与安全生产直接相关的支出。

在规定的使用范围内，企业应当将安全费用优先用于满足安全生产监督管理部门、煤矿安全监察机构以及行业主管部门对企业安全生产提出的整改措施或者达到安全生产标准所需的支出。

企业提取的安全费用应当专户核算，按规定范围安排使用，不得挤占、挪用。年度结余资金结转下年度使用，当年计提安全费用不足的，超出部分按正常成本费用渠道列支。

企业上年年末安全费用结余达到本企业上年度营业收入的一定比例时，经当地县级以上安全生产监督管理部门商财政部门同意，企业本年度可以缓提或者少提安全费用。

矿山企业转产、停产、停业或者解散的，应当将安全费用结余转入矿山闭坑安全保障基金，用于矿山闭坑、尾矿库闭库后可能的危害治理和损失赔偿。

（8）维简费。《财政部国家发展改革委煤矿、安全监察局关于印发〈煤炭生产安全费用提取和使用管理办法〉和〈关于规范煤矿维简费管理问题的若干规定〉的通知》（财建［2004］119号）规定，煤矿维简费，是指我国境内所有煤炭生产企业（以下简称企业）从成本中提取，专项用于维持简单再生产的资金。

企业应当按照企业会计准则的有关规定，比照安全生产费的会计处理，对维简费进行会计处理。

企业应当按照国家有关规定，确定维简费的使用范围。

注：《关于规范煤矿维简费管理问题的若干规定》中指出：

煤矿维简费用于煤矿生产正常接续的开拓延深、技术改造等，以确保矿井持续稳定和安全生产，提高效率。具体使用范围是：①矿井（露天）开拓延深工程；②矿井（露天）技术改造；③煤矿固定资产更新、改造和固定资产零星购置；④矿区生产补充勘探；⑤综合利用和“三废”治理支出；⑥大型煤矿一次拆迁民房50户以上的费用和中小煤矿采动范围的搬迁赔偿；⑦矿井新技术的推广；⑧小型矿井的改造联合工程。

(9) 资源费，与生产直接相关的资源使用费和税费，是开采矿体的原始成本。包括矿业权价款、资源税等。如果企业生产的原矿直接对外销售，应缴资源税计入主营业务税金及附加。

(10) 制造费用，指各生产单位为组织生产和进行管理而发生的非直接生产费用。

(六) 交通运输企业

与制造企业相比，交通运输企业的生产经营过程具有其明显的特征：制造企业的生产经营过程包括供应、生产和销售三个环节，而交通运输企业的经营过程主要包括供应过程和营运过程，没有与生产过程相脱离而独立存在的销售过程。

在产品成本核算范围和项目方面，主要体现为：企业为了完成运输生产需要发生各项运营支出，形成营运成本。在企业营运成本的构成中，没有像工业产品成本那样具有构成产品实体并占相当高的比重的原材料和主要材料，而多是与运输工具使用有关的费用，如燃料、折旧等支出；同时，集装箱运输、码头等水运类企业属于资本密集型企业，固定资产折旧和无形资产（主要是土地使用权）摊销占据了产品成本相当大的比重。

需要注意的是，在交通运输业的成本费用中，固定资产折旧费、保险费，以及其他为保持运载工具与设施正常营运状态而发生的费用等设备性费用相对较多，这些设备性费用以及一些生产人员如船员的职工薪酬等，都属于与生产量没有直接关系的固定性费用。即使营运过程中的燃材料消耗，也不是与生产量直接相关的变动性费用，例如，航运企业船舶运输耗用的燃料，仅属于与航次相关的变动性费用，而不属于与运输量直接相关的变动费用；并且船舶在港发生的吨税、船舶港务费、灯塔费、引航费、拖轮费、码头费、系缆费、停泊费、检疫费等港口使费，都是属于与航次相关的变动性费用，而与运输量并不直接相关。在交通运输业的成本费用中，与生产量直接相关的变动性费用相对较少，这与工业产品的成本费用结构具有较大差别。

因此，本制度规定，交通运输企业通常应按照经济用途设置营运费用、运输工具固定费用与非营运期间费用等成本项目，反映有关成本要素。

营运费用，是指企业在货物或旅客运输、装卸、堆存过程中发生的营运费用，包括货物费、港口费、起降及停机费、中转费、过桥过路费、燃料和动力、航次租船费、安全救生费、护航费、装卸整理费、堆存费等。铁路运输企业的营运费用还包括线路等相关设施的维护费等。

运输工具固定费用，是指运输工具的固定费用和共同费用等，包括检验检疫费、车船税、劳动保护费、固定资产折旧、租赁费、备件配件、保险费、驾驶及相关操作人员薪酬及其伙食费等。共同费用，是指为企业所有运输工具共同受益，但不能分别运输工具直接负担，需经过分配由各运输工具负担的费用。

非营运期间费用，是指受不可抗力制约或行业惯例等原因暂停营运期间发生的有关费用等。

1. 铁路、汽车、水运、民航等企业

（1）铁路运输企业。铁路运输成本是指企业直接为运输旅客、货物发生的耗费，费用是指企业一定期间生产经营管理活动所发生的经济利益的流出。铁路运输成本、费用实行铁道部、铁路运输企业、基层站段分级管理责任制。

铁路运输生产经营过程中发生的各种耗费，按其经济用途划分为主营业务成本、期间费用（包括管理费用、财务费用）和营业外支出，共同构成运输总支出。主营业务成本是企业运输生产过程中发生的与运输生产有关的各项耗费，主要包括：

①运输生产人员及运输生产单位管理、服务人员的职工薪酬；

②按规定计提的运输生产用及运输生产单位用固定资产折旧；

③为了恢复固定资产原有性能和生产能力，对固

定资产进行周期性大修理支出，包括成段更换钢轨、轨枕、道岔及成段清筛道床的支出，为消除路基、桥梁、隧道的严重病害进行的局部支出，灾害复旧支出，机车车辆和大型养路机械及其大部件的大修理支出，其他设备的大修理支出。

④设备运用、养护耗费的材料、燃料、电力、配件、工具备品和其他支出，配件支出，生产场所用煤、水、电及生产用杂费。

⑤运输生产人员及运输生产单位管理、服务人员的办公费、差旅费、劳动保护费、制服补贴等。

⑥运输生产过程上发生的季节性和修理期间的停工损失，事故净损失，灾害预防及抢修支出；

⑦办理保险、保价运输业务发生的支出；

⑧按照模拟市场和内部分账核算要求发生的付费支出，

⑨按照国家规定发生的其他支出。

铁路运输企业的主营业务成本，应当按旅客运输成本、货物运输成本、行包运输成本、基础设施成本和其他成本五类进行核算。

①旅客运输成本核算为旅客运输直接发生的支出，是指不同列车级别和席别核算客运成本。包括车站旅客服务、旅客列车服务、客车运用和维护支出，相关服务付费和其他支出。目前，我国客车主要分为高铁、动车、特快、直快、普快、市郊等级别，和软

座、硬座、软卧、硬卧等席别。因此，客运专项成本可核算直快硬卧人公里成本、普客硬座人公里成本、特快软座人公里成本、市郊列车人公里成本、行包吨公里成本等多种运输成本。

②货物运输成本核算为货物运输直接发生的各种支出，包括货物发送、运行、中转、到达作业费用，货车、集装箱运用和维护费用，货车使用费，相关服务付费及其他支出。

③行包运输成本核算为行李、包裹运输直接发生的各种支出，包括行包发送、运行、中转、到达作业费，专用行包车辆运用和维护费用，相关服务付费及其他支出。

④基础设施成本核算为铁路路网、行车指挥等基础设施运用和维护所发生的各种支出，包括铁路线路设备等行车设施运用、养护费、行车指挥调度费及其他支出。

⑤其他成本核算企业运输生产中发生的除旅客、货物、行包运输成本和基础设施成本以外的各种支出。

（2）汽车运输企业。汽车运输企业的成本项目应当主要包括以下内容：

①从事营运活动人员的职工薪酬；

②营运过程中实际耗用的燃料、材料、润料、动力及照明、备品配件、轮胎、各种物料和低值易耗品

等支出；

③营运过程中使用的各种固定资产折旧费、租入的参加营运的固定资产租赁费等；

④营运过程中发生的行车杂费、车辆牌照检验费、车辆清洗费、车辆冬季预热费、养路费、公路运输管理费、过路费、过桥费、过隧道费、过渡费，司机途中宿费、取暖费，季节性、修理期间的停工损失，事故净损失等支出。

（3）水运企业。

①海洋运输业务的成本项目主要包括以下内容：

A. 航次运行费用。是指船舶在运输生产过程中发生的直接归属于航次负担的费用。航次运行费用一般包括燃料费、港口费、货物费、集装箱货物费、中转费、客运费、垫隔材料费、速遣费、事故损失费、航次其他运行费用等明细项目。

其中：

港口费，是指船舶在营运期内进出港口、航道、停泊港内所发生的各项费用，如港务费、船舶吨税、引水费、停泊费、拖轮费、航道养护费、围油栏费、油污水处理费、船舶代理费、运河费、海峡费、灯塔费、海关检验费、检疫费、移民局费用等。

货物费，是指船舶载运货物所发生的应由船方负担的业务费用，如装卸费、使用港口装卸机械费、理货费、开关舱、扫舱、洗舱、验舱、烘舱、平翻舱、货物代理费、货物检验费、货物保险费等。

集装箱货物费，是指船舶载运集装箱所发生的应由船方负担的业务费用，如集装箱装卸费、集装箱站场费用、集装箱货物代理费用等。

中转费，是指船舶载运的货物到达中途港口换装其他运输工具运往目的地、在港口中转时发生的应由船方负担的各种费用，如汽车接运费、铁路接运费、水运接运费、驳载费等，但不包括由本企业船舶承运后在境外改由其他运输企业承运所发生的中转费。

垫隔材料费，是指船舶在同一货舱内装运不同类别货物需要分票、垫隔或装运货物需要防止摇动、移位、以及货物通风需要等耗用的木材、隔货网、防摇装置、通风筒等材料费用。

速遣费，是指有装卸协议的船舶，港口或代理单位提前完成装卸作业，按照协议支付的速遣费用，发生的延滞费收入抵减速遣费。

事故损失费，是指船舶在营运生产过程中发生海损、机损、货损、货差、火警、污染、人身伤亡等事故的费用，包括施救、赔偿、诉讼、善后等直接损失费用。

B. 船舶固定费用。是指为保持船舶适航状态所发生的费用。船舶固定费用一般包括直接人工、润料、物料、船舶折旧费、保险费、税金、船舶非营运期间费用、船舶共同费用、其他船舶固定费用等明细项目。其中，润料，是指船舶耗用的各种润滑油剂。

C. 船舶租赁费、舱（箱）位租赁费。是指企业租入运输船舶或舱（箱）位营运，按规定应支付给出租人的租赁费。船舶租赁费或舱（箱）位租赁费一般包括期租赁费、程（航次）租赁费、光租赁费、舱（箱）位租赁费等明细项目。

其中，期租赁费，是指在期租形式下，企业按租约规定，在租船起讫期限内按期支付的租金。程（航次）租赁费，是指在程（航次）租形式下，企业按租约规定自接船港口起至还船港口止支付的租赁费。光租赁费，是指在光租形式下，企业按租约规定，在租船起讫期限内按期支付的租金。舱（箱）位租赁费，是指企业按租约规定按期支付约定舱（箱）位数的租赁费。

D. 集装箱固定费用。是指企业自有或租入的集装箱及其底盘车在营运过程中发生的固定费用。集装箱固定费用按集装箱费用和底盘车费用两部分，分别设置明细项目。

集装箱费用一般包括空箱保管费、集装箱折旧费、集装箱保险费、集装箱租赁费、其他集装箱固定费用等明细项目。其中，空箱保管费，是指空箱存放在自有堆场或港口站场而支付的堆存费、检验费、整理起吊费、整理拖运费等。

底盘车费用一般包括底盘车的保管费、折旧费、保险费、租赁费，以及其他底盘车固定费用等明细项目。其中，底盘车保管费，是指自有底盘车存放在自有堆场或港口站场而支付的费用。

②内河运输业务的成本项目主要包括以下内容：

A. 船舶直接费用。是指运输船舶在航行中和为保持船舶适航状态所发生的费用。船舶直接费用一般包括直接人工、燃料、润料、物料、港口费、航养费、过闸、翻坝费、运输管理费、折旧费、保险费、租赁费、税金、劳动保护费、事故损失费、其他费用等明细项目。

B. 船舶维护费用。是指有封冻、枯水等非通航期的企业在非通航期发生，但应由通航期运输成本负担的船舶维护费用。船舶维护费用一般包括人工、燃料、材料、保卫费、破冰费、其他费用等明细项目。其中，破冰费，是指为保护船舶免受流冰损坏和清除船上冰雪所发生的费用。

C. 集装箱固定费用。是指按规定办法分配应由本期运输成本负担的集装箱固定费用，一般包括折旧费、保管费、保险费、租赁费、其他费用等明细项目。

D. 营运间接费用。包括企业实行内部独立核算单位的船队费用、自营港埠费用与船舶基地费用。

（4）民用航空企业。民用航空企业的成本项目一般包括运输成本、通用航空成本、间接营运费用等，以综合反映航空公司在执行航空运输业务过程中发生的与航班生产有关的各项成本。

运输成本中，一般包括直接营运费，运输负担的职工薪酬，航空油料消耗，航材消耗件消耗，高价周转件摊销，飞机、发动机折旧费，飞机、发动机保险费，国内/外机场起降服务费，国内/外航线餐食供应品费，飞行训练费，客舱服务费，行李，货物，邮件赔偿费等项目。

其中，“直接营运费”项目，是指报告期内航空公司在执行航空运输业务过程中发生的能直接计入某一特定机型成本的费用。“航空油料消耗”项目，指飞机在飞行中（含地面滑行）或地面检修试车时所消耗的航空煤油、航空汽油和航空润滑油。“高价周转件摊销”项目，指按规定年限摊销的高价周转件的价值。“客舱服务费”项目，指航空公司在飞机上提供各种服务用品、清洁用品、娱乐用品等所耗费的支出。

通用航空成本，按机型综合反映航空公司在执行通用航空业务过程中所发生的与生产作业直接有关的各项成本及单位飞行小时成本。

间接营运费用，指航空公司在执行运输业务过程中所发生的不能直接计入机型成本，需按一定标准在各机型间进行分摊的各项间接成本。

2. 装卸、堆存、港务管理、仓储业务

（1）装卸业务的成本项目。

①装卸直接费用。是指在装卸生产过程中发生的直接归属于装卸业务负担的费用。装卸直接费用分设职工薪酬、材料、燃料、动力及照明、低值易耗品、折旧费、租赁费、保险费、外付劳务费、税金、事故损失费、其他装卸直接费用等明细项目，归集有关营运支出。

②营运间接费用。是指应由装卸业务成本负担的营运间接费用。包括作业区间接费用和企业间接费用。其中，作业区间接费用是指按规定方法分配由装卸业务成本负担的作业区间接费用；企业间接费用，是指按规定方法分配由装卸业务成本负担的企业间接费用。

（2）堆存业务的成本项目。堆存业务成本的项目可比照装卸业务进行设置，包括堆存直接费用和营运间接费用，并分设明细项目，归集有关支出。

（3）港务管理业务成本的项目。

①港务管理直接费用。是指在港务管理过程中发生的直接归属于港务管理业务负担的费用。港务管理直接费用分设直接人工、材料、燃料、动力及照明、低值易耗品、折旧费、租赁费、保险费、外付劳务费、税金、事故损失费、防台风、防汛措施费、疏浚费、其他港务管理直接费用等明细项目，归集有关营

运支出。以下明细项目，归集有关营运支出。

其中，防台风、防汛措施费，是指企业采取防台、防汛措施所发生的费用。疏浚费，是指港池、锚地、进港航道等的维护性挖泥所发生的费用。航道、泊位、港池、锚地的测量费用也应包括在本项目中。

②营运间接费用。是指应由港务管理成本负担的营运间接费用。

（4）仓储业务的成本项目。仓储业务成本包括企业附属仓库中发生的转库搬运、检验、挑选整理、修复、维修保养、包装费、库存物资损耗，以及职工薪酬等开支。

（七）信息传输企业

与制造企业相比，信息传输企业的成本项目和范围特点是基本没有原材料耗费项目、固定成本相对比重较大。从消耗的主要资源类型上看，除了与制造企业一样都涉及到人力、设备、无形资产等方面的消耗外，还会发生行业特有的支出，业务费、电路及网元租赁费等特定支出。本制度据此作出了规定。

（八）软件及信息技术服务企业

软件企业的核心竞争力在于研发费用，在研发上的投入最终形成了软件产品的成本。软件与硬件不同，在成本构成上的差异非常明显。硬件的成本构成相当清晰，主要有作为转移价值的材料和固定资产折旧；有人工价值的职工薪酬；有为生产产品而必须付出的各项费用。软件产品的成本中，基本没有材料成本，也很少有折旧。在研发阶段，主要是智力投入的人工费用；在后期市场阶段，主要是许多附加的测试、维护、服务费用等。

从软件研发的步骤来看，具体包括以下方面：①可行性调查，包括市场可行性调查、经济可行性和技术可行性调查等前期工作；②系统分析，主要任务是给出系统说明书，确定软件的主要功能等事项；③系统设计，其主要任务是决定系统的模块结构，确定模块的功能、接口和实现方法；④程序设计，即由程序员编写程序，建立相应文档；⑤系统测试，即检查和揭露程序的错漏偏差以便修正和排除；⑥撰写系统说明书及指导书、申请专利、维护等（图3－1）。

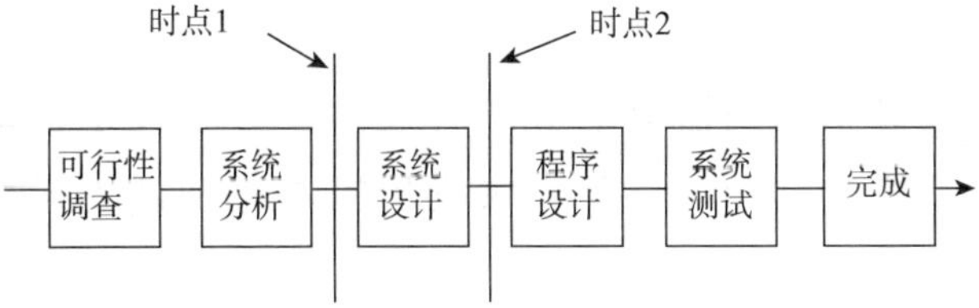

图3－1　软件研发的步骤

在以上各步骤中，人工费用占主要部分。从各步骤费用发生的比例来看（暂不考虑软件产品的差异性因素影响），国内外软件企业的人工费用在研发各步骤中的分布却存在较大差异。总地来说，①、②、③步骤发生的费用支出比例最大。国外企业有着深厚的技术积累或者企业之间的专利共享，研究时能进行更全面的调查，而且所需费用较少，而大部分国内企业的技术研究则存在更大的风险。企业产品成本核算课题的研究结果表明，国内大多数软件企业在研发过程中自主创新能力较弱，大多属于模仿性创新。因此，它们在进行可行性调查（步骤①）和系统分析（步骤②）的实际操作过程中往往投入的人工费用并不多，大量的研发人员集中在系统设计（步骤③）和程序设计（步骤④）过程中。

如上所述，软件开发成本中人工费用占主要部分，但如何对人工费用予以资本化并进行合理分配是软件成本会计处理中的一个难题。诸如软件设计人员可能同时设计多个项目，也可能处于学习新知识的阶段因此并未工作，那么其工资应该如何分配？企业会计准则对于如何区分研究与开发阶段做了规定，即在开发阶段，判断可以将有关支出资本化确认为无形资产，必须同时满足下列条件：

1. 完成该无形资产以使其能够使用或出售在技术上具有可行性

判断无形资产的开发在技术上是否具有可行性，应当以目前阶段的成果为基础，并提供相关证据和材料，证明企业进行开发所需的技术条件等已经具备，不存在技术上的障碍或其他不确定性，比如，企业已经完成了全部计划、设计和测试活动，这些活动是使资产能够达到设计规划书中的功能、特征和技术所必需的活动或经过专家鉴定等。

2. 具有完成该无形资产并使用或出售的意图

开发某项产品或专利技术产品等，通常是根据管理当局决定该项研发活动的目的或者意图加以确定，也就是说，研发项目形成成果以后，是为出售还是为自己使用并从使用中获得经济利益，应当依管理当局的决定为依据。因此，企业的管理当局应当明确表明其持有拟开发无形资产的目的，并具有完成该项无形资产开发并使其能够使用或出售的可能性。

3. 无形资产产生经济利益的方式，包括能够证明运用该无形资产生产的产品

开发支出资本化作为无形资产确认，其基本条件是能够为企业带来未来经济利益。如果有关的无形资产在形成以后，主要是用于形成新产品或新工艺的，企业应对运用该无形资产生产的产品市场情况进行估计，应能够证明所生产的产品存在市场，能够带来经济利益的流入；如果有关的无形资产开发以后主要是用于对外出售的，则企业应能够证明市场上存在对该类无形资产的需求，开发以后存在外在的市场可以出售并带来经济利益的流入；如果无形资产开发以后不是用于生产产品，也不是用于对外出售，而是在企业内部使用的，则企业应能够证明在企业内部使用时对企业的有用性。

4. 有足够的技术、财务资源和其他资源支持，以完成该无形资产的开发，并有能力使用或出售该无形资产

这一条件主要包括：（1）为完成该项无形资产开发具有技术上的可靠性。开发的无形资产并使其形成成果在技术上的可靠性是继续开发活动的关键。因此，必须有确凿的证据证明企业继续开发该项无形资产有足够的技术支持和技术能力。（2）财务资源和其他资源支持。财务和其他资源支持是能够完成该项无形资产开发的经济基础。因此，企业必须能够说明为完成该项无形资产的开发所需的财务和其他资源，是否能够足以支持完成该项无形资产的开发。（3）能够证明企业获取在开发过程中所需的技术、财务和其他资源，以及企业获得这些资源的相关计划等。如在企业自有资金不足以提供支持的情况下，是否存在外部其他方面的资金支持，如银行等借款机构愿意为该无形资产的开发提供所需资金的声明等来证实。（4）有能力使用或出售该无形资产以取得收益。

5. 归属于该无形资产开发阶段的支出能够可靠地计量

企业对于研究开发活动发生的支出应单独核算，如发生的研究开发人员的工资、材料费等，在企业同时从事多项研究开发活动的情况下，所发生的支出同时用于支持多项研究开发活动的，应按照一定的标准

在各项研究开发活动之间进行分配，无法明确分配的，应予费用化计入当期损益，不计入开发活动的成本。

据课题研究发现，在实务中，软件企业经常根据准则的上述规定，将“技术可行性”作为资本化和费用化的划分标准或时点。即：（1）对于计算机软件开发成本，一旦技术可行性得以确认，就应该确认为资产。（2）软件产品销售给用户后发生的软件支持、维护及培训费用，一般应计入当期的销售费用；但是，值得注意的是，当后续提供的支持和维护费若可以辨认并单独确认为收入时，其相应的支出应计入营业成本。（3）产品的计划费用、设计费用及技术可行性确立以前的编译及测试费用，应计入当期的管理费用。值得注意的是，技术可行性确立的时点不是指系统规划阶段的技术可行性研究的完成，而是指系统分析活动结束后的具体逻辑设计方案与物理设计方案的建立，以此作为技术可行性确立的标志，将从系统设计阶段开始发生的开发成本予以资本化。

（九）文化企业

文化企业现行的专门会计核算办法包括《电影企业会计核算办法》和《新闻出版业会计核算办法》。本制度基于文化企业的成本核算实践，与以上办法进行了有效衔接，主要体现在成本核算项目和范围方面。

本制度规定，文化企业一般设置开发成本和制作成本等成本项目。

1. 开发成本

文化企业产品开发是指从选题策划开始到正式生产制作所经历的一系列过程，包括信息收集、策划、市场调研、选题论证、立项等阶段。开发成本包括信息搜集费、调研交通费、通信费、组稿费、专题会议费、广告宣传费等。随着出版决策对市场信息的倚重程度越来越高，开发成本在文化（新闻出版）业的成本中所占的比重将逐渐增加。

2. 制作成本

制作过程是文化企业成本产生的主要环节，对文化企业成本产生重要影响。其成本可分为购买产品内容的成本和对内容进行物质形态制作的成本。前者即通常所说的固定成本，属一次性支付，如稿酬（版税制除外）、审稿费、编校排印费、设计费等；后者通常也称为变动成本，其费用随产品的增加而相应增加，如纸张费、印工费等。

3. 出版物的成本项目

出版物的成本项目包括“稿酬及校订费”、“租型费用”、“原材料及辅助材料”、“制版费用”、“印装（制作）费用”、“出版损失”、“编录经费”、“其他直接费用”等。

（1）稿酬及校订费：是指支付给著者、译者、校订者的基本稿酬、印数稿酬、版税、额定稿酬等所有报酬及翻译文字的校订费用。

（2）租型费用：是指从境内外出版单位租赁型版、本单位印制发行而支付给出租型版单位的专有出版权再许可使用费。

（3）原材料及辅助材料：是指出版物生产所需的纸、装帧用料等原材料以及辅助用料的成本。

为便于分析比较和管理，可以将“原材料及辅助材料”分解为“原材料”和“辅助材料”两个项目。以书刊为例，原材料是指书刊正文以及同正文一起印刷的插页用的纸张费；辅助材料是指书刊封面、封套和不同正文一起印刷的插页以及装帧用的各种纸张、板纸、织物、皮革、塑料薄膜、电化铝、金箔、丝带、木板等材料费用。

（4）制版费用：是指在出版物的排版、制版以及纸型、胶片、母片、母带的型版生产过程中支付的各种加工费用。

（5）印装（制作）费用：是指在出版物生产过程中支付的纸质出版物印刷费用、装订费用，音像制品、电子出版物的复制刻录费用、印刷费用、包装费用，投影片（含缩微制品）的复制费用和装帧费用等。

印装（制作）费用包括的项目很多，必要时可以再细分成若干项目。如图书出版单位可以将其分解为印刷费、装订费等。

(6) 出版损失：是指生产过程中某种产品尚未完工之前发现的各种损失，包括扣除过失人应承担的赔偿或保险公司赔款和残料价值后的报废净损失，由于出版单位的责任形成的重新生产所支付的原材料、辅助材料及加工、退稿等费用，以及由于非管理原因造成的报废损失等。

如果出版物停止出版，已经发生的各项支出应全部作为报废损失处理，不包括在出版损失之中。

(7) 编录经费：是指按照合理的分配方法分配计入的编录经费。

(8) 其他直接费用：是指除上述各项费用以外的其他直接成本，包括选题策划、开发、设计制图、审稿、编辑加工、校对、专题会议、音像制品和电子出版物的实验以及各类专项费用等。

以包印张（件）方式进行结算的，应根据有关部门提供的计算清单或合理的比例按本单位所设置的成本项目计入成本。

上述成本项目中，第1—6及第8项属于直接生产费用，在费用发生时，根据原始凭证直接计入某种出版物成本中，称“直接成本”；编录经费属于间接成本，无法直接计入某一种出版物成本中，需要通过分摊计入每种出版物的成本中。

4. 报纸生产成本项目和广告成本项目

（1）报纸生产成本项目设置

报纸生产成本一般可设置纸张费、排版费、印制费用等成本项目。

纸张费，是指报纸印刷全部用纸成本（包含委托外部印制的纸张管理费、运杂费等）。

排版费，是指报纸照排费用、委托印制所发生的版面传输费用等。

印制费。报纸的印制一般在报业单位自设的印刷机构或委托外部印刷机构印制。在自设印刷机构完成报纸印制所发生的全部费用，一般包含传版、制版费，以及印刷等生产过程中所需各种材料、辅料及加工费。委托外部印刷机构印制的按实际结算费用计算，此项费用一般以千对开张为计价单位。

（2）广告成本项目设置

广告成本项目主要有：职工薪酬、办公费、差旅费、设计制作费、组稿费、广告业务费、加张广告费、其他等项目。

办公费：广告业务部门办公费用，包括办公用房折旧费、物业管理费、邮电通讯费、水电费等。

设计制作费：委托广告业务部门以外的单位、个人从事广告设计、美工制作支付的费用。

组稿费：为承办广告业务，支付给中介机构、广告业务部门外个人的业务费用及劳务费用。

广告业务费：为开展广告业务所发生的会务费、业务招待费等。

加张广告费：指报纸正常版面之外需要扩版刊登广告而增加的版面费用。

其他：为开展广告业务而发生的其他直接费用。

5. 印刷产品生产成本核算，应设置以下成本项目：

（1）原材料，是指直接用于产品生产，虽不构成产品实体，但有助于产品形成的各种原材料及辅助材料，如制版用的软片和各种药水，印刷用的油墨、橡皮布、PS 版，装订用的热熔胶、线、布，压膜用的塑料薄膜、胶水等。

（2）印刷用纸，是指为委印单位代垫纸张进行产品加工时，该产品实际耗用的纸张成本。

（3）燃料和动力，是指直接用于产品生产的燃气和动力费用。

（4）职工薪酬，是指直接从事产品生产人员的工资、奖金、津贴以及其他各种属于工资性质的补贴和职工福利费等。

（5）废品损失，是指在生产过程中发生的报废损失，包括纸张超伸放、产品缺交与补版和重制重印的损失。

（6）制造费用，是指生产车间为加工产品和提供劳务而发生的各项间接费用，包括车间管理人员职工薪酬、折旧费、租赁费、机物料消耗、水电费、办公费、差旅费、保险费、劳动保护费、季节性和修理期间的停工损失等。

（7）委托外加工，是指委托外加工时所发生的各项费用。

6. 音像电子出版物产品的复制成本，应设置以下成本项目：

（1）原材料，是指直接用于产品生产、构成产品实体的原料和主要材料，外购半成品，修理用备件，燃料及动力，以及有助于产品形成的辅助材料。如磁带复制企业的 C－0 外盒、印刷品（唱词等）、书型盒、饼带、AB 贴、包装膜、“PP”盒、粘接带、封口胶、打包带、纸箱等，光盘复制企业的聚碳酸酯、银靶、硅靶、铝靶、镍靶、感光胶、胶水、油墨、网框、网布、包装盒、纸箱、打包带等。

（2）委托加工母盘，是指光盘复制企业委托外部加工制作的母盘。

（3）动力，是指直接用于产品生产的动力费用。

（4）职工薪酬，是指直接从事产品生产人员的工资、奖金、津贴以及其他各种属于工资性质的补贴和职工福利费。

（5）制造费用，是指直接用于产品生产但不便于直接计入产品成本，以及间接用于产品生产的各项费用。包括车间管理人员职工薪酬、折旧费、租赁费、机物料消耗、水电费和办公费、劳动保护费等。

7. 电影制片企业在影片制片等生产过程中，应设置以下成本项目：

（1）剧本费及酬金，是指用于归集摄制组所用文学剧本的成本，以及分镜头剧本等所发生的有关费用和酬金。

（2）基本人员工资及劳务，是指用于归集摄制组支付给导演、翻译、摄影、制片、剧（场）务、录音、照明、置景、道具、服装、美术、化妆、烟火、剪接、会计（核算）等人员的工资、劳务费和酬金。

（3）演员劳务及酬金，是指用于归集摄制组支付给主、配角演员，以及其他临时、群众、特技、替身、武打、舞蹈、配音等演员的工资、劳务费和酬金。

（4）临时协助人员费，是指用于归集摄制组临时聘用的辅助工，以及向社会管理部门、场景提供单位临时外请协助人员所支付的各种津贴、报酬等。

（5）食宿费，是指用于归集摄制组在拍片期间，为演职人员提供的伙食，或者按规定办法和标准发放伙食费补贴、津贴和防暑防寒所需饮料，以及住宿等费用。

（6）差旅费，是指用于归集摄制组在拍片期间，演职人员因采景、体验生活、拍摄、送审等发生的各种交通、住宿、补贴等费用。

（7）胶片，是指用于归集摄制组拍片耗用的彩色与黑白底片、正片、声片等各类胶片费用。

（8）磁片及磁带，是指用于归集摄制组拍片及制作中耗用的各类磁片、磁带等费用。

（9）化妆费，是指用于归集摄制组直接购买或领用所消耗的化妆用材料、用品、工器具，以及造型作业等发生的费用。

（10）服装费，是指用于归集摄制组为拍片所需服装进行设计、加工、购置、租赁、损耗等发生的费用。

（11）道具费，是指用于归集摄制组为拍片所需，进行道具设计、制作、加工、维修、购置、租赁、损耗等所发生的费用。

（12）布景费，是指用于归集摄制组为拍片所需，进行布景和场景设计、搭置、加工、维修等所发生的各种费用。

（13）烟火枪械费，是指用于归集摄制组为拍片所需耗用的烟火材料与弹药以及租赁、维修、赔偿枪械等所发生的费用。

（14）车辆运输费，是指用于归集摄制组在拍片期间，因运输而发生的各种费用。

（15）场租费，是指用于归集摄制组为拍片所需，租（借）用各种场所、场地所发生的各种费用。

（16）摄影费，是指用于归集摄制组使用各类摄影专用的器材及消耗物品等所发生的各种费用。

（17）录音费，是指用于归集摄制组在摄制期间使用的录音场地和录音用器材、设备、音频工作站、材料消耗物品等所发生的费用。

（18）剪接费，是指用于归集摄制组使用各类剪接器材、设备、材料、视频工作站、胶转磁设备和消耗物品等所发生的费用。

（19）照明费，是指用于归集摄制组在拍摄现场使用各类照明器材、设备、发电车、材料和消耗物品等所发生的费用。

（20）常规特技费，是指用于归集摄制组拍摄常规特技（非电脑数码制作）镜头而使用的有关摄影器材、设备、材料（不包括胶片、磁片和特技烟火材料）、场棚和消耗物品等所发生的费用。

（21）数码特技费，是指用于归集摄制组委托电脑数码制作单位加工影片数码特技镜头所支付的各种费用。

（22）音乐费，是指用于归集摄制组为影片作词作曲、配制音乐、聘请乐队、指挥、独奏演员、歌唱演员，以及取得音乐作品使用权等所发生的费用。

（23）放映费，是指用于归集摄制组因观摩学习和后期制作审查样片、双片、完成片放映所支付的放映费用。

（24）剧照费，是指用于归集摄制组为拍片选景和制作剧照所耗用的照相器材、设备、胶卷，以及冲印、放扩照片所发生的费用。

（25）字幕费，是指用于归集摄制组为所拍摄的影片加工、制作片头和片中字幕所发生的费用。

（26）洗印费，是指用于归集摄制组为洗印彩色和黑白的底片、正片、声片、中间片等发生的各种洗印加工费用。

（27）军事费，是指用于归集摄制组经申报批准，由军队、武警部队提供人员、武器、弹药、军车（舰、机）、军械、场地和器材设备等协助拍摄，按剧用军事预算所支付的费用。

（28）剧杂费，是指用于归集摄制组在拍片期间，所发生的文具用品、资料打印和复印、邮电通讯、书报杂志、学习观摩等各种费用。

（29）赔偿费，是指用于归集摄制组因影片拍摄需要，导致所租用的场所、场地、设备、器材、服装、道具、物品等发生毁损或灭失，经协商支付的各种赔（补）偿费用。

（30）其他费用，是指用于归集摄制组在拍片期间，所发生的不属于以上各明细科目核算的其他费用。

8. 电影洗印企业在影片洗印等生产过程中，应设置以下成本项目：

（1）职工薪酬，是指用于归集支付给直接从事印制影片及其拷贝生产人员的职工薪酬。

（2）胶片及磁带，是指用于归集印制影片底片、正片、声片、发行拷贝等所耗用的各种彩色、黑白胶片，以及磁片、磁带等所发生的费用。

（3）药料，是指用于归集影片印制生产中，耗用的各种化学药料所发生的费用（可采用分摊方法计入产品成本）。

（4）燃料及动力，是指用于归集影片印制生产中，消耗的水、电和各种燃料、动力所发生的费用。

（5）制造费用，是指用于归集影片印制生产中，消耗的清洁用具和物品、零配部件等各种辅助物料等，每月按规定分配方法计算后，转入应由产品成本承担的各种费用。

第四章　产品成本归集、分配和结转

本章主要对企业产品成本的归集、分配和结转进行讲解，包括企业产品成本归集、分配和结转的基本原则，以制造企业为蓝本规定的通常做法，以及其他相关行业的实践。

企业会计准则中涉及企业成本核算的规定主要包括存货、固定资产折旧、无形资产摊销、职工薪酬等，主要是对成本要素的确认和应计入产品成本的范围作出了规定，以便于企业按规定编制财务报告，向利益相关方报告该企业在特定时点的财务状况和一定期间内的经营成果。本制度在企业会计准则的基础上，进一步规范了企业生产经营过程中的全部费用如何向特定产品分配，为企业内部管理者提供决策所必需的信息。值得关注的是，成本核算方法的选择，会直接影响企业财务报告中存货成本和营业成本信息的准确性。

企业的产品成本归集、分配和结转，既存在共同的规律和原则，又体现了较大的差异。本制度规定了产品成本归集、分配和结转的基本原则，同时要求企业根据生产经营特点，以正常生产能力水平为基础，按照资源耗费方式确定合理的分配标准，并分别有关行业列举了常用的分配标准，以及根据产品生产特点和管理要求结转成本。

一、企业产品成本归集、分配和结转的基本原则

（一）企业的产品成本归集、分配和结转的总体原则

本制度规定，企业所发生的费用，能确定由某一成本核算对象负担的，都应当按照所对应的产品成本

项目类别，直接计入产品成本核算对象的生产成本；由几个成本核算对象共同负担的，应当选择合理的分配标准分配计入。

（二）确定企业的产品成本分配标准的原则

由于行业和产品之间的特点，生产经营中有关耗费的发生形式及其对产品发挥作用的方式等差异较大，企业间在分配标准方面体现出较大的差异。本制度规定，企业应当根据生产经营特点，以正常生产能力水平为基础，按照资源耗费方式确定合理的分配标准。实务中，体现为按照以下原则确定分配标准：

1. 受益性原则

成本分配的受益性原则可以概括为两句话，即谁受益、谁负担；负担多少，视受益程度而定。这一原则，要求选用的分配标准能够反映受益者受益的程度。

2. 及时性原则

及时性原则是指要及时将各项成本费用分配给受益对象，不应将本应在上期或下期分配的成本费用分配给本期。不及时分配成本费用必然会影响到成本的及时计算和计算结果的准确性，也必然会影响成本信息的质量，造成经济决策的失误。

3. 成本效益性原则

成本分配也要讲究成本效益比，即成本分配本身也是有成本的，而成本分配所带来的效益要远大于成本分配的成本才行。当然这种成本效益比不太好计算，这就要求我们在进行成本分配工作时，要注意适度，不要将大量的时间和精力放在一些意义不大的数据收集和计算上，而且要注意成本分配能带来何种效果。

4. 基础性原则

成本分配要以完整的、准确的原始记录为依据，不能凭主观臆断乱分配，不能故意搞乱成本分配秩序，制造虚假成本信息。如果各项基础工作做不好，必然使成本分配工作陷入被动局面。

5. 管理性原则

成本分配要有利于企事业单位加强成本管理。成本是一个综合性指标，既可以用它来进行经济预测和决策，又可以用它来编制成本计划，考核各部门的业绩，因此提高成本分配的科学性，对提高成本管理水平是有利的。

（三）企业产品成本结转的原则

本制度所称的成本结转，是指在归集产品生产费用的基础上，计算确定本期完工产品成本和销售产品成本的会计处理。本制度规定，企业应当按照权责发生制的原则，根据产品的生产特点和管理要求结转成本。

1. 关于完工产品成本结转

本制度规定企业不得以计划成本、标准成本、定额成本等代替实际成本。企业采用计划成本、标准成本、定额成本等类似成本进行直接材料日常核算的，期末应当将耗用直接材料的计划成本或定额成本等类似成本调整为实际成本。

（1）计划成本法。在计划成本法下，企业材料或产品的收入、发出和结余均按预先制定的计划成本计价，同时另设“材料成本差异”科目，作为计划成本和实际成本联系的纽带，用来登记实际成本和计划成本的差额。这种方法适用于材料或产品品种繁多、收发频繁的企业。同时，“材料成本差异”实质上是一个控制和决策的过程。通过两种成本的比较，使得采购部门不断关注其计划成本，结合更多的影响因素，有助于不断降低其采购成本，节约支出，同时也为制定更完善的计划成本作准备。目前，一些企业采取了计划成本法，但由于计划成本法未能充分反映生产部门的生产效率，随着企业成本管理的日益精细化、科学化，越来越多企业采用了标准成本、定额成本法、作业成本法等方法。

（2）定额成本法。

①主要内容。定额成本法，是为了及时地反映和监督生产费用和产品成本脱离定额的差异，把产品成本的计划、控制、核算和分析结合在一起，以便加强成本管理的一种成本计算方法。主要特点为：

A. 事前制定产品的消耗定额、费用定额和定额成本，作为降低成本的目标，对产品成本进行事前控制。

B. 在生产费用发生的当时，将定额费用和发生的差异分别核算，加强对成本差异的日常核算、分析和控制。

C. 月末，在定额成本的基础上加减各种成本差异，计算产品的实际成本，为成本的定期考核和分析提供资料。

期末，如果企业生产的某种产品全部完工，计算实际成本的公式如下：

产品实际成本 = 产品定额成本 ± 脱离定额差异 ± 定额变动差异 ± 材料成本差异

如果企业生产的某种产品既有完工产品，又有在产品，就需要在完工产品与期末在产品之间对有关差异进行分配。计算实际成本的公式如下：

完工产品各项目定额成本 = 完工产品数量 × 各项目定额成本

期末在产品各项目定额成本 = 本月生产费用各项目定额成本合计 − 完工产品定额成本

差异分配率 = （差异月初数 + 差异本月发生数） ÷ （完工产品定额成本 + 期末在产品定额成本）

完工产品应分配差异 = 完工产品定额成本 × 某差异分配率

②特点。采用定额成本法计算产品成本，能够比

较合理、简便地解决完工产品和月末在产品之间费用的分配问题，及时反映和监督脱离定额的差异，有助于及时加强成本控制，进一步挖掘降低成本的潜力，但是，采用这种方法核算工作量相对较大。定额成本法适用于定额管理制度比较健全，定额管理工作的基础比较好，产品的生产已经定型，消耗定额比较准确、稳定的企业。

（3）标准成本法。

①主要内容。标准成本法，是将成本计算和成本控制相结合，包括制定标准成本、计算和分析成本差异等环节的一种成本计算方法。实际成本与标准成本之间的差异，包括数量差异和价格差异。通过对这两种差异的分析，可以加强对生产效率和采购成本的控制。计算公式如下：

标准成本 = 标准消耗量 × 标准价格

直接材料标准成本 = 直接材料标准数量 × 直接材料标准价格

直接人工标准成本 = 直接人工标准工时 × 直接人工标准工资率

固定制造费用标准成本 = 标准工时 × 固定制造费用标准分配率

变动制造费用标准成本 = 标准工时 × 变动制造费用标准分配率

单位产品标准成本 = 直接材料标准成本 + 直接人

工标准成本+制造费用标准成本

成本差异=实际数量×实际价格－标准数量×标准价格

②特点和适用性。标准成本法的标准包括了料工费等基本耗费，既考虑了过去较长时期的实际平均数值，又考虑了要消除企业在生产经营活动中的异常情况，并估计到了未来的生产发展趋势。针对产生的各项差异，标准成本能够有效地控制差异并分配差异，并寻找产生差异的原因。由于标准成本法具有数据处理方面的很多内容，在实务中的应用以较为完备的信息系统平台为基础。

（4）作业成本法。为推动我国管理会计体系建设，我们在企业产品成本核算制度（试行）中引入了作业成本法，作为管理会计的一项基本工具。企业可以根据自身经营管理特点和条件，利用现代信息技术，采用作业成本法对不能直接归属成本核算对象的成本进行归集和分配。

①作业成本法的概念和基本原理。作业成本法简称 ABC（Activity－Based Cost），是以作业为核算对象，通过作业成本动因来确认和计量作业量，进而以作业成本动因分配率来对多种产品合理分配间接费用的成本计算方法。作业成本法下分配间接费用遵循的原则是："作业消耗成本，产品消耗作业"。

A. 作业成本计算。作业成本法最初作为一种正确分配制造费用、计算产品制造成本的方法被提出。其基本思想是在资源和产品之间引入一个中介——作业，基本原则是作业消耗资源，产品消耗作业；生产导致作业的发生，作业导致成本的发生。

根据这一原则，作业成本计算按如下两个步骤进行：

第一步，确认作业、主要作业、作业中心，按同质作业设置作业成本库；以资源动因为基础将间接费用分配到作业成本库。

作业是基于一定目的，以人为主体，消耗了一定资源的特定范围内的工作，是构成产品生产、服务程序的组成部分。实际工作中可能出现的作业类型一般有：起动准备、购货订单、材料采购、物料处理、设备维修、质量控制、生产计划、工程处理、动力消耗、存货移动、装运发货、管理协调等。

作业引发资源的耗用，而资源动因是作业消耗资源的原因或方式，因此，间接费用应当根据资源动因归集到代表不同作业的作业成本库中。

由于生产经营的范围扩大、复杂性提高，构成产品生产、服务程序的作业也大量增加，为每项作业单独设置成本库往往并不可行。于是，将有共同资源动因的作业确认为同质作业，将同质作业引发的成本归集到同质作业成本库中以合并分配。按同质作业成本库归集间接费用不但提高了作业成本计算的可操作性，而且减少了工作量，降低了信息成本。

第二步，以作业动因为基础将作业成本库的成本分配到最终产品。

产品消耗作业，产品的产量、生产批次及种类等决定作业的耗用量，作业动因是各项作业被最终产品消耗的方式和原因。例如，起动准备作业的作业动因是起动准备次数，质量检验作业的成本动因是检验小时。明确了作业动因，就可以将归集在各个作业成本库中的期间费用按各最终产品消耗的作业动因量的比例进行分配，计算出产品的各项作业成本，进而确定最终产品的成本。

成本计算程序如图 3 －2 所示：

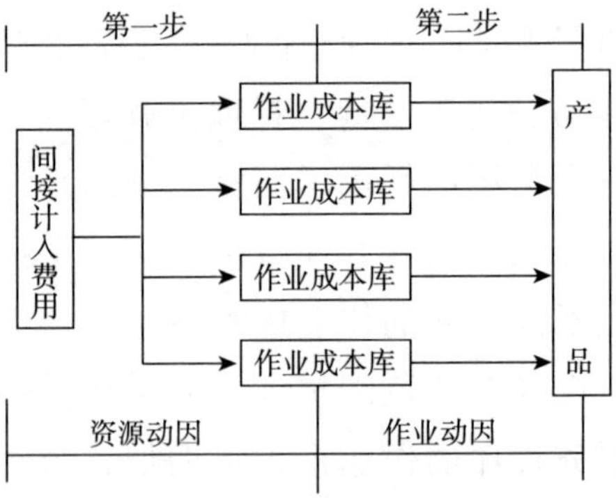

图 3－2　成本计算程序图

综上所述，作业成本法区别于传统成本计算法的主要特点是：

其一，以作业为基本的成本计算对象，并将其作为汇总其他成本（如：产品成本、责任中心成本）的基石；

其二，注重间接计入费用的归集与分配，设置多样化作业成本库，并采用多样化成本动因作为成本分配标准，使成本归集明细化，从而提高成本的可归属性；

其三，关注成本发生的前因后果。

产品的技术层次、项目种类、复杂程度不同，其耗用的间接费用也不同，但传统成本计算法认为所有产品都根据其产量均衡地消耗企业的所有费用。因此，在传统成本法下，产量高、复杂程度低的产品的成本往往高于其实际发生成本；产量低、复杂程度高的产品的成本往往低于其实际发生成本。

作业成本计算以作业为联系资源和产品的中介，以多样化成本动因为依据，将资源追踪到作业，将作业成本追踪到产品，提供了适应现代制造环境的相对准确的成本信息。作业成本计算以财务为导向，从分类账中获得主要成本（如，间接费用）项目，进而将成本追踪到作业成本库，再将作业成本库的成本分配到各产品，侧重于对历史成本费用进行分析，是成本分配观的体现。

B. 作业管理。成本分配观的认识使成本计算的正确性得以提高，而要有效地控制成本的发生并降低成本就必须立足于过程分析观来进一步认识成本与作业的关系。过程分析观以业务为导向，从实物流动及其与数量化、非财务的产品与劳务的关系的层面来分析生产经营过程。具体而言，首先要确定实物的消耗量；其次是确定生产经营过程消耗了何种资源。耗用资源就会发生成本，一旦明确了消耗形态，就可以直接追踪资源耗用作业的全过程，从根源上对成本进行控制，支持生产经营过程的持续改善。过程分析观承认多层次作业，既强调在一个过程中作业的相对独立性，又强调作业的链接关系。在过程分析的基础上，作业管理得以实现。

作业管理就是将企业看作由顾客需求驱动的系列作业组合而成的作业集合体，在管理中努力提高增加顾客价值的作业的效率，消除遏制不增加顾客价值的作业，实现企业生产经营的持续改善。不增加顾客价值的作业以及增加顾客价值但无效率的作业称为不增值作业，由不增值作业引发的成本称为不增值作业成本。作业管理一般包括确认作业、作业链和成本动因分析、业绩评价以及报告不增值作业成本四个步骤，主要采用如下方法降低成本：

第一，作业消除。作业消除就是消除不增值的作业。即先确定不增值的作业，进而采取有效措施予以消除。例如将原材料从集中保管的仓库搬运到生产部门，将某部门生产的零件搬运到下一个生产部门都是不增值作业。如果条件许可，将原料供应商的交货方式改变为直接送达原料使用部门，将功能性的工厂布局转变为单元制造式布置，就可以缩短运输距离，削减甚至消除不增值的作业。

第二，作业选择。作业选择就是尽可能列举各项可行的作业并从中选择最佳的作业。不同的策略经常产生不同的作业，例如不同的产品销售策略会产生不同的销售作业，而作业引发成本，因此不同的产品销售策略，引发不同的作业及成本。在其他条件不变的情况下，选择作业成本最低的销售策略，可以降低成本。

第三，作业减低。作业减低就是改善必要作业的效率或者改善在短期内无法消除的不增值的作业，例如减少整备次数，就可以改善整备作业及其成本。世界著名机车制造商 Hardley—Davidson，就通过作业减低方式减少了 75% 的机器整备作业，从而降低了成本。

第四，作业分享。作业分享就是利用规模经济效应提高必要作业的效率，即增加成本动因的数量但不增加作业成本，这样可以减低单位作业成本及分摊于产品的成本。例如新产品在设计时如果考虑到充分利用现有其他产品使用的零件，就可以免除新产品零件的设计作业，从而降低新产品的生产成本。

可以说，发展至今，作业成本法已成为以作业为核心、成本分配观和过程分析观二维导向、作业成本计算与作业管理相结合的全面成本管理制度。如图 3 –3 所示：

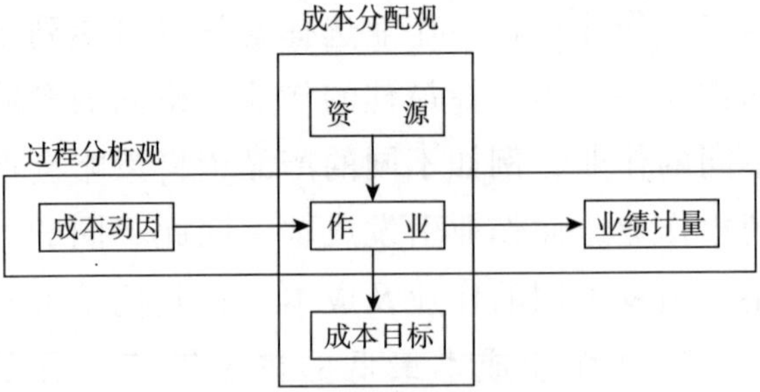

图 3 –3　全面成本管理制度

成本分配观导向下所提供的信息有助于分析各种决策，过程分析观导向下提供的信息反映作业过程的动态关系，为从根源上控制成本、评价业绩、持续改善生产经营创造了条件。

② 如何应用作业成本法。作业成本法是适应现代高科技生产的需要而产生的。一般来说，具备下列特征的企业将从作业成本法的采用中更多获益：其一，高额的间接计入费用；其二，产品种类繁多；其三，各产品需要的技术服务的程度不同；其四，各次生产运行数量相差很大且生产准备成本昂贵；其五，随时间推移作业变化很大，但会计系统变化较小；其

六，有先进的计算机技术。作业成本法与适时制生产系统配合使用，可实现技术、管理和经济的统一，发挥更大的作用。但是，作业成本法作为先进成本计算方法、先进管理方法与先进管理思想相统一的综合管理体系，其应用在很大程度上具有灵活性，并不绝对为环境条件所限制。普通企业可以应用作业成本法的先进管理思想改善企业管理，还可根据实际需要部分应用作业成本法作为一种辅助手段。

A. 作业成本系统的设计。

a）框架设计。框架设计阶段的任务是明确作业成本系统的特征，为此必须解决以下几个问题：

第一，现有会计信息系统的特点如何，能否提供作业成本法所需的原始信息？若不能，是改进现有会计信息系统还是作业成本信息独成体系？

第二，要求相对准确还是高度精确的成本信息？

第三，初始设计复杂化还是初始设计简易化，应用过程中逐渐完善？

b）作业成本系统的设计。作业成本系统的设计需要企业内部各方面的协同努力，因此在设计开发作业成本系统之前，必须使企业组织内部对作业成本系统有相当程度的理解和认同，明确作业成本系统的两个基本目的：计算成本；为日常成本控制和企业的持续改进提供信息支持。可以说，作业成本系统的设计是成本分配观和过程分析观的综合。此后，作业成本系统的设计可以按以下五个步骤进行：

第一步，分析和确定生产经营过程消耗的资源。分析生产经营过程消耗的资源可以从账目和预算科目入手，根据企业的业务特点将账目和预算科目进行组合或分解，从而将消耗的资源重新分类。

第二步，作业的认定与整合。由于企业的原有部门往往已将同类或相关的作业归并在一起，作业的认定可以从组织框图开始，细分并描述原有各部门所包含的作业。这一阶段中一种有用的方法是询问部门经理或车间主任使用每个部门工作人员的目的。当所有工作人员的工作时间被充分分析后，可以肯定列示的作业是完整无缺了。在作业认定的同时，可以发现并消除一些不增值作业。

作业认定完成后，根据管理上的要求，打破部门界限，对同质的作业进行作业整合。整合时应注意的问题有：

第一，作业整合应粗细得当，以保证成本控制和各种作业成本信息的分类组合，如：按产品、按顾客的组合；

第二，整合在一起的作业不但要有同质性，而且要属于同一层次；

第三，关注作业在成本上的重要性，将重要的作业单独列示，次要的作业合并列示。

第三步，作业链的描述。根据过程分析观，企业的生产经营活动就是一系列作业由此及彼，由内及外推移而形成的作业链。作业链的描述可以以业务为导向，跟踪资源耗费向已认定作业的转移，描述作业与作业以及作业与产品的联系，如图 3－4 所示：

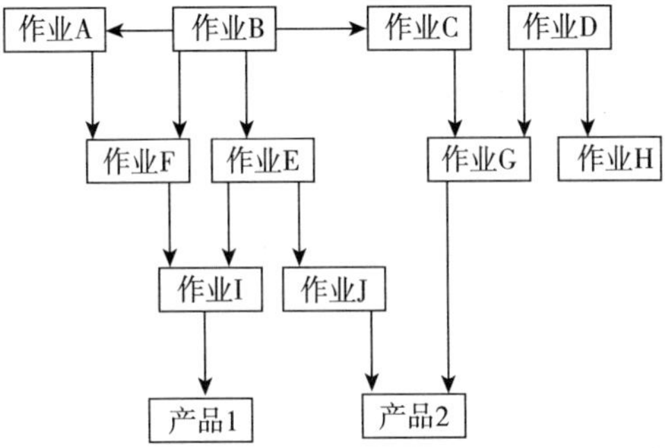

图 3－4　作业产品关系图

作业链描述旨在明确作业间的链接关系，着眼于成本发生的前因后果，为成本控制和作业链重新构建服务。作业链的描述过程中会发生作业链中断现象，这往往是由不增值作业造成的，如图中的作业 H 就是不增值作业，尽可能避免或消除不增值作业是改进管理的方向。作业链的描述过程也是现有作业链的修正过程。作业链的描述重在为作业管理服务，同时它也在一定程度上为作业成本计算提供了辅助性思路。

第四步，成本动因的选择。成本动因的选择分为两个层次：一是根据作业对资源的消耗，选择资源动因；二是根据产品对作业的消耗，选择作业动因。作业链的描述为成本动因的选择提供了依据和思路。确定成本动因时应注意的问题是：

第一，与作业对资源、产品对作业的实际消耗密切相关；

第二，尽可能在保证上述相关性的前提下，选择易于计量或有现成计量记录的成本动因；

第三，有助于控制成本和激励业绩的改进。

第五步，设置作业成本库，建立作业成本计算的两阶段分配体系。设置作业成本库要考虑作业链所描述的企业生产经营过程的特点，并特别注重作业成本库的同质性，注重对成本动因的选择，否则会导致成本分配的扭曲。这一步骤的工作要以成本效益原则为指导。

企业设计并推行作业成本法时，应注意以下三点：

第一，认识作业成本法的本质与现行成本计算、管理方法的差异，设计作业成本系统需从企业自身的特点和独特需要出发。

第二，认识到作业成本法也存在局限性，主要是作业的确认和成本动因的选择并不总是客观的和可验证的，因此它不是能满足所有成本信息需要的面面俱到的系统。

第三，作业成本系统设计完成后，仍需进行有效的监督与管理，并在实施中不断改进完善，否则将前功尽弃。

B. 作业成本法的灵活应用。

a）应用作业管理思想。企业应适应买方市场的环境特点，深入开展增值性分析、因果联系分析，关注增值性及成本与产品服务、顾客的因果联系，以高质量、低成本、适销对路的产品保证企业的生存和持续发展。

b）应用过程分析思想。企业应着眼于成本发生的前因后果与整体最优化，一方面重视产品开发和设计的管理，关注新产品的开发，不断改进产品设计和工艺设计，使资源配置更为合理、有效；另一方面关注销售、售后服务等非生产环节发生的作业成本。

c）传统成本法下，产量高、复杂程度低的产品成本往往高于其实际发生成本；产量低、复杂程度高的产品成本往往低于其实际发生成本。根据这一结论，对那些产品规格特殊且无明显市价规则、价格弹性也很低的产品，企业可以适当提高售价，赚取高额利润；对那些产量高、复杂程度低、市场竞争激烈的产品，企业可以适当降低售价，扩大市场占有率，赚取较高利润。

d）企业参照市场、行业、竞争对手等相关信息发现传统成本法提供的产品成本信息不够准确，影响到企业决策的正确性时，可以部分地采用作业成本法重新计算产品成本。

例如，企业产量较高的某类产品的定价如果出乎意料地高于市场价格或竞争对手的同类产品价格，则有可能是传统成本计算高估了产量高、复杂程度低的产品成本。

又如，两类产品的工艺复杂程度相差很大，但会计资料却显示二者的产品成本相近，这也可能是传统成本计算低估了工艺复杂、产量低的产品成本；高估了工艺简单、产量高的产品成本所致。

e）企业可根据导致成本发生的不同作业，采用多个分配标准分配间接成本，提供相对准确的成本信息，而不再局限于直接人工或机器工时标准。

f）对于相对重要或者管理难度大的部门，企业可以局部使用作业成本法，立足于作业层次进行管理，充分利用非财务信息，结合财务信息进行业绩评价与考核。

g）受环境变化影响较大的企业，可以对其生产经营过程进行经常性的作业分析和过程分析，进行作业链、价值链管理，在变化的环境中实现局部或整体的优化组合。

2. 关于销售成本的结转

本制度第四十一条对批发零售企业（销售）产品成本结转作出了规定，制造企业销售成本结转与其基本一致。

（四）根据企业内部管理要求进行处理

本制度规定，企业内部管理有相关要求的，还可以利用现代信息技术，在确定多维度、多层次成本核算对象的基础上，对有关费用进行归集、分配和结转。

二、制造企业的产品成本归集、分配和结转

本制度规定的制造企业产品成本归集、分配和结转，继承了《国有工业企业产品成本核算办法》现行有效的做法。

（一）直接费用的归集

直接材料、直接人工，一般情况下应当直接计入成本核算对象。

（二）间接费用的归集与分配

上述间接费用，是指制造企业除了能够直接计入成本核算对象的直接材料、直接人工以外的其他相关费用。间接费用通常应当按照以下原则处理：

1. 企业应结合生产特点和管理需要采用简化而合理的分配方法，将间接费用在成本核算对象之间进行分配。

2. 辅助生产成本可以参照生产成本的计量简化处理。企业应结合生产特点和管理需要，采用合理的分配方法，如直接法、顺序分配法、一次交互分配法、代数法、计划分配率法等，将辅助生产成本

（或外购燃料与动力）在各成本核算对象之间进行分配。

3. 制造费用应结合生产特点和管理需要，采用合理的分配标准，如机器工时法、人工工时法、计划分配率法等，将制造费用在成本核算对象之间进行分配。企业可以具备在信息化条件的基础上，采用作业成本法，或者参照作业成本法的原理对制造费用进行分配。

（1）人工工时法。人工工时法，是以各种产品所消耗的生产工人实际（或定额）工时数作为分配标准分配制造费用的一种方法。计算公式为：

制造费用分配率＝制造费用总额÷各种产品实际（或定额）生产工时之和

某种产品应分配的制造费用＝该种产品实际（或定额）生产工时×制造费用分配率

采用这种方法分配制造费用，工人工时数据相对容易取得，核算工作简便，但是在企业生产机械化程度较高的情况下，人工费在成本中所占的比重较小，会影响到制造费用分配的合理性。因此，这种方法适用于机械化程度不高的企业。

（2）机器工时法。机器工时法，是以各种产品生产时所耗用的机器运转的时间作为分配标准分配制造费用的方法。计算公式为：

制造费用分配率＝制造费用总额÷各种产品耗用

的机器工时总额

某种产品应负担的制造费用＝该种产品耗用的机器工时×制造费用分配率

这种方法适用于产品生产的机械化程度较高的车间、部门。在这种车间、部门里，必须具备各种产品所用机器工时的原始记录，以保证机器工时的准确性和可靠性。

（3）计划分配率法。计划分配率法，是按照年度开始前确定的全年度使用的计划分配率分配制造费用的方法。以定额工时作为分配标准，计算公式为：

年度制造费用计划分配率＝年度制造费用计划总额÷年度各种产品计划产量的定额工时

某月某种产品应负担的制造费用＝该月该种产品实际产量定额工时×年度制造费用计划分配率

采用年度计划分配率分配法，省略了每月计算费用分配率的手续，在一定程度上简化了制造费用的分配工作，提高了企业成本核算工作的及时性，并能及时反映制造费用预算数与实际数的差异，有利于分析成本预算执行情况。适用于机械化生产的企业以及季节性生产企业。但采用这种方法，必须要有较高的计划管理水平，否则计划分配额与实际发生额差异过大，就会影响制造费用分配的准确性。

（三）期末完工产品与期末在产品之间的成本分配

在产品也称“在制品”，是指企业已经投入生产，但是尚未最后完工，不能作为商品销售的产品。企业应结合生产特点和管理需要采用合理的分配方法，实务中存在以下 7 种做法，较为常用的是原材料消耗量法、如约当产量法、定额比例法、原材料扣除法等。

1. 不计成本法

成本全部由完工产品负担，在产品不负担。适用于期末无在产品或在产品数量很少的企业，比如某电子厂在期末尽量做到无在产品，月结前将所有工单做完关闭，显然对于生产周期长不可能做到无在产品。此外，也适用于在产品数量少而稳定的企业，如采煤业，计算或不计算在产品成本，对完工产品成本影响很小时，为了简化核算，可考虑采用这种方法。

2. 按固定成本计价法

年内各月的在产品成本都按年初在产品成本计算，固定不变。每月发生的生产费用仍然是该月完工产品的成本。年末，根据盘点数重新确定年末在产品成本，作为次年在产品计价的依据。适用于在产品各月份之间变化不大的企业，理由是，月初在产品与月末在产品的差额较小，该方法有助于简化产品成本计算工作。

3. 原材料成本扣除法

期末在产品只计算应承担的材料成本，其他成本全部由本期完工产品承担的一种方法。主要适用于材料成本在全部产品成本中占比重相当大且在开工时一次投入，各月末在产品数量较大，数量变化也大的企业，如酿酒、造纸、纺织等企业。

4. 在产品成本按完工产品成本计价法

将在产品视同完工产品计算、分配生产费用，适用于月末在产品已接近完工，或产品已经加工完毕但尚未验收或包装入库的产品。

5. 按定额成本计价法

月末在产品成本，按其数量和单位定额成本计算。产品的月初在产品成本加本月生产费用，减月末在产品的定额成本，其余额作为完工产品成本。每月生产费用脱离定额的差异，全部由完工产品负担。适用于定额管理基础较好，各项消耗定额或费用定额比较准确、稳定，而且各月在产品数量变动不大的产品。有关计算公式如下：

期末在产品成本＝期末在产品数量×在产品单位定额成本

完工产品成本＝期初在产品成本＋本期生产费用－期末在产品成本

6. 约当产量法

月末在产品数量按其完工程度折算为相当于完工

产品的数量，从而分配计算完工产品成本与月末在产品成本的方法，也有人称之为完工百分比法。只要在正确统计月末在产品结存数量和正确估计月末在产品完工程度的前提下，就可以比较客观简便地划分完工产品与月末在产品的成本。适用于月末在产品数量较大，各月末在产品数量变化也较大，产品成本中原材料费和人工费等加工费用所占的比重相差不多的产品。有关计算公式如下：

在产品约当产量 = 在产品数量 × 完工程度（或投料程度）

费用分配率 =（月初在产品成本 + 本月生产费用）÷（完工产品数量 + 在产品约当产量）

完工产品费用分配额 = 完工产品数量 × 费用分配率

月末在产品费用分配额 = 在产品约当产量 × 费用分配率

7. 定额比例法

按照完工产品和月末在产品的定额消耗量或定额费用的比例，分配计算完工产品和月末在产品成本的一种方法。适用于各项消耗定额或费用定额比较准确、稳定，各月末在产品数量变化较大的产品。有关计算公式如下：

直接材料费用分配率 =（月初在产品直接材料成本 + 本月直接材料费用）÷［完工产品直接材料

定额消耗量（费用）+月末在产品直接材料定额消耗量（费用）]

完工产品直接材料费用=完工产品直接材料定消耗量（或费用）×直接材料费用分配率

月末在产品直接材料费用=月末在产品直接材料定额消耗量（或费用）×直接材料费用分配率

直接人工（制造费用）分配率=［月初在产品直接人工（制造费用）成本+本月直接人工（制造费用）费用］÷（完工产品定额工时+月末在产品定额工时）

完工产品直接人工（制造费用）费用=完工产品定额工时×直接人工（制造费用）分配率

月末在产品直接人工（制造费用）费用=月末在产品定额工时×直接人工（制造费用）分配率

值得注意的是，关于约当产量比例和定额比例，企业应有明确的技术认定方法和相应的盘存制度。

（四）发出的材料成本计价

本制度规定，制造企业在生产过程中发出的材料成本，可以根据实物流转方式、管理要求、实物性质等实际情况，采用先进先出法、加权平均法、个别计价法等方法计算。

1. 先进先出法，是以先购入或制成的材料应该先发出这样一种材料实物流转假设为前提，对发出材料进行计价的一种方法。

市场经济环境下，各种商品的价格总是有所波动的，在物价上涨过快的前提下，由于物价快速上涨，先购进的存货其成本相对较低，而后购进的存货成本就偏高。这样发出存货的价值就低于市场价值，产品销售成本偏低，而期末存货成本偏高。

2. 移动加权平均法，是指本次收到材料的成本加原库存材料的成本，除以本次材料的数量加原有原材料的数量，据以计算加权单价，并对发出材料进行计价的一种方法。计算公式如下：

$$\text{移动加权平均单价（动态）} = \text{总成本} / \text{总数量}$$

$$= \frac{\text{本批购入前结存成本} + \text{本批购入成本}}{\text{本批购入前结存量} + \text{本批购入量}}$$

由于移动加权平均法的工作量较大，实务中，有些企业采用月末一次加权平均法。月末一次加权平均法，是指以本月全部收货数加月初材料数量作为权数，去除本月全部收料成本加上月初材料成本，计算出存货的加权平均成本，从而确定存货的发出和库存成本。计算公式如下：

$$\text{月末一次加权平均单价} = \text{总成本} / \text{总数量}$$

$$= \frac{(\text{期初库存成本} + \text{本期购入成本})}{(\text{期初库存量} + \text{本期购入量})}$$

3. 个别计价法，是指成本流转与实物流转一致，即材料收、发、存均按原来的实际单位成本反映。最准确，但也最不现实。适用于体积较大、金额较高、数量较少、容易辨认的材料。计算公式如下：

每次（批）发出存货成本 = 该次（批）存货发出数量 × 该次（批）存货实际购入的单位成本

（五）特殊项目的核算

1. 企业应结合生产特点和管理需要设定正常废品率。对正常废品率范围内的废品损失，计入制造费用；对于超过正常废品率范围的废品损失，计入管理费用。

2. 企业应结合生产特点和管理需要设定正常停工期。对正常停工期范围内的停工损失，计入制造费用；对超过正常停工期的停工损失，计入管理费用。

3. 企业应结合生产特点和管理需要设定联产品和副产品的划分标准。

（1）联产品。联产品，是指使用同种原材料，经过同一生产过程，同时生产出几种具有同等地位、不同用途的主要产品。副产品，是指经过同一生产过程，使用同种原材料，在生产出主要产品的同时，附带生产出的一些非主要产品，或利用生产中的废料加工而成的产品。

在联产品的生产过程中，投入相同原材料，经过同一生产过程，在某一个“点”上分离，这个“点”称“分离点”。分离后的联产品，有的可以直接进入市场销售，有的需经过进一步加工成为另一种用途的产品，在分离前发生的加工成本称为联合成本，在分离后发生的加工成本，由于可以分辨其承担主体，所以称为可归属成本。联产品的成本计算关键是联合成本的分配。企业应结合生产特点和管理需要，采用合理的分配方法，如相对销售价格法、分离点可变现净值法、产量法、毛利率法等，将生产成本在联产品之间进行分配。

以相对销售价格法为例，是指联合成本按分离点时每种产品的销售价格比例进行分配。采用这种方法，要求每种产品在分离点时的销售价格有可靠的计量基础。如果联产品在分离点上可以销售，则可采用市场价格或销售价格进行分摊；如果这些产品尚需进一步加工后才可销售，则需要对分离点上的产品的销售价格进行估计，如果估计销售价格有一定困难，企业可采用可变现净值进行分摊。

（2）副产品。副产品不是企业的主要产品，价值一般较低，具有一定的经济价值。在成本计算时，可将副产品按一定标准作价，从分离前的联合成本中扣除，副产品成本计算的关键是副产品的计价。对于分离后不再加工的副产品，如果价值很小，可不负担联合成本，销售后作为其他业务收入处理；如果价值较大，按照售价减去销售费用、销售税金后，作为副产品应负担的成本从联合成本中扣除。

4. 通常情况下，与企业生产经营和管理活动有关的费用往往是在一个会计年度的各个中期内均匀发生的，各中期之间发生的费用不会有较大差异。但是，对于一些费用，如员工培训费等，往往集中在会计年度的个别中期内。对于这些会计年度中不均匀发生的费用，企业应当在发生时予以确认和计量，不应当在中期财务报表中予以预提或者待摊。

5. 企业应当根据《企业会计准则第 13 号——或有事项》，结合生产特点，对有关支出进行会计处理，并计入产品成本。

三、其他企业产品成本归集、分配和结转

（一）农业企业

本制度规定农业企业应当比照制造企业对产品成本进行归集、分配和结转。以下就农业企业产品成本在归集、分配和结转方面，与制造企业有所区别之处进行简要说明。

1. 关于间接费用的分配

农业企业的间接费用类似于制造费用，同时，由于现有的农业产品成本中，人工成本占比重较高，因此，农业企业参照制造企业有关分配标准进行处理，通常包括但不限于以下三种：

（1）直接人工工时。根据各受益对象所耗的生产工人工时总数（实际工时或者定额工时）确认分配率，依照各种产品耗用的工时比例进行分配。其计算公式如下：

分配率＝间接费用总额/各产品直接耗用工时之和

某产品应分配的间接费用＝该产品直接耗用工时数×分配率

（2）直接人工成本。依照各受益对象所发生的直接人工成本数，按各产品的生产工人工资比例进行分配。适用于各种产品生产过程的机械化程度基本相同的部门、车间。其计算公式如下：

分配率＝间接费用总额/各产品生产工人职工薪酬之和

某产品应分配的间接费用＝该产品生产工人职工薪酬×分配率

（3）直接成本法。依照各种产品的直接消耗的料工费合计额的比例来进行分配。适用于机械化程度不平衡的单位和部门。其计算公式如下：

分配率＝间接费用总额/各产品实际直接成本之和

某产品应分配的间接费用＝该产品的实际直接成本×分配率

另外，企业也可以根据自身特点按照农产品的产量等作为分配标准进行分配。

例如，渔业企业通过混养塘养殖方式进行生产的，将各月发生的成本按生产成本项目进行归集，在年终计算出总成本后，再按各品种当年以销售价格计算出的成本比重，进行分配和计算单位生产成本，公式如下：

①按当年分品种的产量和销售单位计算的全部产量销售额等于各单个品种产量与该品种全年平均销售单价的乘积之和。

②计算各品种销售额占总产量销售额的比重。

单个品种销售额占总产量销售额的比重

$$=\frac{单个品种销售额}{总产量销售额}\times 100\%$$

③计算单个品种的生产成本。

单个品种的生产成本总额＝该品种占总产量销售额的比重×总成本

④计算单位成本。

$$单个品种的单位成本=\frac{该品种生产成本总额}{该品种总产量}$$

2. 关于主产品和副产品之间的成本分配

以种植业为例，农作物在完成生产过程时，一般可以产出主产品和副产品两种产品，必须将生产费用在两种产品之间进行分配。现行分配方法包括估计法和比率法等。

估价法是指，对副产品按市场价格估价，以此作为副产品成本，生产费用扣除副产品价值即可得到主产品成本。

比率法是指，先求出生产费用实际额与计划额之比，再分别以主产品和副产品的计划成本乘以这一比率，即可计算出主产品和副产品的实际成本。

（二）批发零售业

本制度规定了批发零售企业发生的进货成本、相关税金、采购费的处理，以及产品成本的结转方法。关于采购费的分配标准和产品成本的结转方法，是批发零售企业在成本核算中尤为关注的问题，以下进行简要说明：

1. 关于采购费的分配标准

存销商品应分摊的采购费一般可以按以下方法计算：

分配率 =（期初采购费金额 + 本期采购费发生额）÷（期初结存商品成本金额 + 本期进货成本金额）×100%

本期结存商品应分摊的采购费金额 = 期末结存商品成本金额 × 分配率

2. 关于产品成本的结转

批发零售企业产品成本结转，可以根据实物流转方式、管理要求、实物性质等实际情况，采用先进先出法、加权平均法、个别计价法、毛利率法等方法结转产品成本，以上方法与本章制造企业发出材料的成本计价方法原则一致。此外，实务中，批发零售企业，尤其是零售企业，出于销售管理的目的，通常还采取以下方法：

（1）按照进价金额核算。这种方法又称为“进价记账、盘存记销”。特点是：①建立实物负责制，库存商品明细账都按实物负责人分户；②库存商品的总账和明细账都按商品进价记账，只记进价金额，不记数量；③商品销售后按实收销货款登记销售收入，平时不计算结转商品销售成本，也不注销库存商品；④对于商品的升溢、损耗和所发生的价格变动，平时不作账务处理；⑤定期进行实地盘点商品，期末按盘存商品的数量乘最后一次进货单价或原进价求出期末结存商品金额，再用“以存记销”的方法倒计出商品销售成本并据以转账。

这种方法主要适用于经营鲜活商品的零售企业。其优点是平日对商品购销业务的会计处理非常简单，但对于商品所发生的损溢都挤入商品销售成本而平时不予反映，也易为出现漏洞。

（2）按照数量进价金额核算。这种方法的主要特点是：①库存商品的总账和明细账都按商品的原购进价格记账；②库存商品明细账按商品的品名分户，分别核算各种商品收进、付出及结存的数量和金额。

这种方法主要适用于大中型批发企业、农副产品收购企业及经营品种单纯的专业商店和经营贵重商品的商店。其优点是能够同时提供各种商品的数量指标和金额指标，便于加强商品管理；缺点是要按品种逐笔登记商品明细账，核算工作量较大。

（3）售价金额核算法。这种方法又称“售价记账、实物负责制”，这是在建立实物负责制的基础上按售价对库存商品进行核算的方法，其主要特点如下：①建立实物负责制，企业将所经营的全部商品按品种、类别及管理的需要划分为若干实物负责小组，确定实物负责人，实行实物负责制度。实物负责人对其所经营的商品负全部经济责任。②售价记账、金额控制，库存商品总账和明细账都按商品的销售价格记账，库存商品明细账按实物负责人或小组分户，只记售价金额不记实物数量。③设置“商品进销差价”科目，由于库存商品是按售价记账，对于库存商品售价与进价之间的差额应设置“商品进销差价”科目来核算，并在期末计算和分摊已售商品的进销差价。④定期实地盘点商品，实行售价金额核算必须加强商品的实地盘点制度，通过实地盘点，对库存商品的数量及价值进行核算，并对实物和负责人履行经济责任的情况进行检查。

这种方法主要适用于零售企业，优点是把大量按各种不同品种开设的库存商品明细账归并为按实物负责人来分户的少量的明细账，从而简化了核算工作。

（4）按照数量售价金额核算。这种方法的特点是：①库存商品的总账和明细账都按商品的销售价格记账，并同时核算商品实物数量和售价金额。②对于库存商品购进价与销售价之间的差额需设置“商品进销差价”科目进行调整，以便于计算商品销售成本。

这种方法的优点是与进价数量金额相似，不用盘点，随时可知道销售数量，从而计算出销售成本。

（三）建筑企业

建筑企业对施工过程中发生的各项工程成本，应先按其用途和发生的地点进行归集。其中直接费用可以直接计入受益的各个成本核算对象的成本中；间接费用则通常先按照发生地点进行归集，然后再按照一定的方法分配计入受益的各个成本核算对象的成本中。在此基础上，计算当期已完工程或已竣工工程的实际成本。相对于制造企业，建筑企业在产品间接成本的分配标准和产品成本结转方面具有鲜明的特点。以下就建筑企业在上述方面需要注意的问题进行简要说明。

1. 关于直接人工

生产工人的计件工资，直接计入有关成本核算对象；计时工资应按实际工时或定额工时进行分配，计入有关成本核算对象。工资性津贴和按照规定应计入成本的其他职工薪酬，比照计件和计时工资的分配方法，直接计入或分配计入有关的成本核算对象。企业应当根据劳资部门提供的工资单等分别按受益对象进行分配。

2. 关于直接材料

直接用于工程施工的各种材料，凡能够确定受益成本核算对象的，应直接计入受益的成本核算对象；由几个成本核算对象共同使用的材料，应确定合理的分配标准，在受益的成本核算对象之间进行分配。租用周转材料的租赁费，应直接计入受益的成本核算对象。使用自有周转材料的摊销价值，应按规定的摊销方法一次或分次计入受益的成本核算对象。自有周转材料的摊销价值在计入成本核算对象时，企业可以在一次摊销法、五五摊销法等方法中进行选择。

3. 关于机械使用费

自有机械使用费一般先归集，然后按照合理的方式分配进入成本核算对象。通常情况下，可以采用台班分配法、预算分配法和作业量分配法等分配标准。

4. 关于其他直接费用

其他直接费用的分配方法主要包括直接分配法，一次交互分配法和顺序分配法。

5. 关于间接费用

在“工程施工——合同成本”科目下设“间接费用”明细核算。如果一个项目部管理两个以上项目，项目部发生的费用应通过“工程施工——间接费用”归集，期（月）末，再将间接费用按合同项目分配至“工程施工——合同成本——间接费用”有关明细科目。

6. 分包成本

属于自主分包形式的，在核算上与自营工程相同，其成本费用以对分包单位计价结算金额为基准，按照预算标准比例分配到相应的成本核算对象中。属于业主指定分包的工程，一般不作为自行完成工作量，也不做成本核算，不计算盈亏，通过过渡性科目进行处理。发生的分包费用，通常在“工程施工——合同成本”科目下设“分包成本”科目进行明细核算。

（四）房地产企业

房地产企业在成本归集、分配和结转方面应注意的问题，主要在于土地成本、公共设施、可资本化的借款费用等间接费用的分配标准方面。在现有的做法中，部分房地产企业参照《房地产开发经营业务企业所得税处理办法》第二十九、三十条中涉及产品成本分配问题的规定进行了处理。例如，该办法第二十九条规定了几种通用的分配方法：

1. 占地面积法，指按已动工开发成本对象占地面积占开发用地总面积的比例进行分配。

（1）一次性开发的，按某一成本对象占地面积占全部成本对象占地总面积的比例进行分配。

（2）分期开发的，首先按本期全部成本对象占地面积占开发用地总面积的比例进行分配，然后再按某一成本对象占地面积占期内全部成本对象占地总面积的比例进行分配。

2. 建筑面积法，指按已动工开发成本对象建筑面积占开发用地总建筑面积的比例进行分配。

（1）一次性开发的，按某一成本对象建筑面积占全部成本对象建筑面积的比例进行分配。

（2）分期开发的，首先按期内成本对象建筑面积占开发用地计划建筑面积的比例进行分配，然后再按某一成本对象建筑面积占期内成本对象总建筑面积的比例进行分配。

3. 直接成本法，指按期内某一成本对象的直接开发成本占期内全部成本对象直接开发成本的比例进行分配。

4. 预算造价法，指按期内某一成本对象预算造价占期内全部成本对象预算造价的比例进行分配。

再如，该办法的第三十条要求下列成本应按以下方法进行分配：

1. 土地成本，一般按占地面积法进行分配。如果确需结合其他方法进行分配的，应商税务机关同意。

土地开发同时连结房地产开发的，属于一次性取得土地分期开发房地产的情况，其土地开发成本经商税务机关同意后可先按土地整体预算成本进行分配，待土地整体开发完毕再行调整。

2. 单独作为过渡性成本对象核算的公共配套设

施开发成本，应按建筑面积法进行分配。

3. 借款费用属于不同成本对象共同负担的，按直接成本法、预算造价法或其他合理的方法进行分配。

4. 其他成本项目的分配法由企业自行确定。

实务中，在房地产产品成本的分配分摊问题上，主要存在的困难在于土地成本和借款费用这两个方面，在其他共同费用的处理上，以上处理与企业会计准则的有关规定原则一致。

（五）采矿企业

本制度规定，采矿企业应当比照制造企业对产品成本进行归集、分配和结转。有关内容请见制造企业部分。

（六）交通运输企业

交通运输企业发生的营运费用，应当按照成本核算对象归集。交通运输企业发生的运输工具固定费用，能确定由某一成本核算对象负担的，应当直接计入成本核算对象的成本；由多个成本核算对象共同负担的，应当选择营运时间等符合经营特点的、科学合理的分配标准分配计入各成本核算对象的成本。交通运输企业发生的非营运期间费用，比照制造业季节性生产企业处理。其中，交通运输企业在运输工具固定费用分配方面具有较为鲜明的特点。

企业应当根据需要分配的费用与分配标准之间的

相关性来确定分配标准。例如，对于运输业务，可以根据运输周转量（吨公里）、定单处理次数（次）、运输货物的价值（元）等来确定分配标准；对于仓储业务，可以根据仓储面积天数（平方米天）、仓储量天数（如吨天数、箱天数）、定单处理次数、仓储货物的价值等来确定分配标准；对于装卸业务，可以根据装卸作业量（吨）、装卸作业工时（工时）等来确定分配业务；对于配送业务，可以根据配送的人工作业小时、机械作业工时或定单处理次数等来确定分配标准；对于代理业务，可以根据代理的业务金额、代理的定单处理次数等来确定分配标准。

1. 铁路、汽车、水运、民航等企业

（1）铁路运输企业。铁路运输企业应当通过主营业务成本核算企业提供旅客、货物运输以及相关服务等日常活动而发生的实际成本。铁路运输企业主营业务成本分类确定的原则是：能够直接归属到相应成本类别的，全额列入该类成本；不能直接归属成本类别的，按照规定的工作量指标分配列入相应类别。分配比例根据本单位正常运输生产情况测算确定。单位须在季度决策报告中说明分配比例确定的方法及调整依据。

一般而言，在实务中，运输生产领用材料、燃料、低值易耗品，借记“主营业务成本”科目，贷记“原材料”、“低值易耗品”等科目。支付生产人员工资，借记“主营业务成本”科目，贷记“应付职工薪酬”科目。支付生产用水、用电等其他费用，借记“主营业务成本”科目，贷记“银行存款”等科目。按规定计提固定资产折旧费，借记“主营业务成本”科目，贷记“累计折旧”科目。其他业务应分摊的间接费用，借记“其他业务支出”科目，贷记“主营业务成本”科目。支付相关服务费，借记“主营业务成本”科目，贷记“银行存款”等科目。

期末，应将主营业务成本的余额转入“本年利润”科目，结转后主营业务成本科目应无余额。

主营业务成本中的工务、电务支出分运行区间、编组贴、非编组贴核算，电气化铁路供电支出分运行区间核算，核算原则是：正线（含与正线连接的道岔）支出归集到相应运行区间成本，站线支出归集到编组站和非编组站成本；能直接归属运行区间、编组站、非编组站的支出，全额列入相应运行区间和编组站、非编组站成本核算中；不能直接确定归属的共性支出，采用分配方法分摊列入相应运行区间的编组站、非编组站成本中。

内燃、电力机车折旧、分机型核算，客车折旧、分车型核算，货车折旧、分车种核算。

成本、费用按要素分为职工薪酬、材料、燃料、电力、折旧、外购劳务、其他。各项成本、费用均应分要素核算。各要素核算内容和要求为：

①职工薪酬。生产人员职工薪酬按工作岗位、作业地点、作业对象进行分类归集。

②材料，指运输生产经营过程中所耗费的材料、配件、油脂（含清洗用柴油、汽油）、工具备品、劳动保护用品等有实物形态的物品。材料支出的核算应严格执行定向定量制度。已领未用的材料应在月末办理盘点退料手续，不得发生账外料。存放在铁路沿线的线上料应加强管理，采取分存制进账，不得一次出账。低值易耗品领用后一次列销，建立保管台账实行数量动态管理。材料、配件修旧利废所发生的支出在运输总支出中核算。

③燃料，指运输设备运用所消耗的固体、液体、气体等燃料支出。燃料支出应根据燃料消耗报表及有关记录、按用途归集到相关支出科目。

④电力，指铁路运输设备运用、修理过程中的动力、照明及其他用电。电力支出应按用途归集到相关支出科目。

⑤折旧，指按《铁路运输企业固定资产管理办法》规定的固定资产分类折旧率及应计折旧固定资产价值计提的折旧支出。

⑥外购劳务，指支付给与本单位签订劳务合同的外请劳务的支出。

⑦其他，指不属于以上各要素的支出，主要包

括：差旅费、事故费用、付费支出及其他支出。

（2）汽车运输企业。汽车运输企业营运成本核算时，一般主要设置“运输支出”、“装卸支出”、“营运间接费用”、“辅助营运费用”等科目。

汽车运输费用是指企业经营旅客、货物运输业务所发生的各项费用。凡是能直接计入成本的直接营运费用，根据实际发生额借记“运输支出”账户，贷记“材料”、“应付职工薪酬”等账户，对于发生的营运间接费用等，则借记“营运间接费用”、“辅助营运费用”，然后采用一定的方法分配计入“运输支出”、“装卸支出”账户。

①职工薪酬的归集和分配。汽车运输企业每月发生的工资支出应先在“应付职工薪酬”科目归集，每月再按人员分类分别计入有关的成本中去。

②燃料费用的归集和分配。汽车运输成本中燃料消耗占重要比重。一般大、中型运输企业多设有专为本企业加油的加油站，也有些企业在石油供应企业的加油站加油，经营长途汽车运输的企业还常常在外地加油站加油。汽车运输企业消耗燃料应按实际耗用数计入各分类成本。

③轮胎费用的归集和分配。汽车轮胎分为外胎、内胎和垫带三部分。领用轮胎可以在领用（指投入周转使用）时一次计入成本“运输支出”。一次更换轮胎影响成本较大时，可在一年内分摊计入成本，可

以按行驶胎公里摊销额计入“运输支出”账户。

④折旧的归集和分配。汽车运输企业车辆折旧一般是按工作量计提，即按实际行驶千车公里核算折旧额。

⑤养路费的归集和分配。汽车运输企业交纳的养路费是由企业直接按客、货运收入的一定比例核算的。运输企业每月按交纳的养路费应计入运输成本。

⑥辅助营运费用的归集和分配。辅助营运费用主要是企业不进行独立核算的辅助生产部门为车队等生产部门提供保养、修理等辅助劳务而发生的辅助生产费用。其核算方法可参照制造业成本的辅助生产费用分配方法。

（3）水运企业。

①海洋运输业务。

A. 企业可以按照每一运输船舶、每一营运航次，分别设置航次成本明细账或明细卡。企业如租入外单位船舶或舱（箱）位营运，也可以为在租用期内的每一航次，设置成本明细账。

航次内发生的各项运行费用直接记入该航次成本明细账，各项分配性费用于航次结束时按规定分配记入。已完航次的航次成本明细账，应及时结算，核算出航次总成本和单位成本，以备随时提供。

B. 各项分配性费用的分配应根据分配程序按一定分配方法进行。

对于营运间接费用，按照每一船队、自营港埠或船舶基地设置明细账，归集和核算有关营运支出，每月结算后，将当月实际入账数结转“船舶共同费用——营运间接费用”项目。

对于船舶共同费用，设置明细账归集和核算有关营运支出，船舶共同费用发生时，应根据有关记账凭证和费用汇总表，按照费用发生的先后记入“船舶共同费用”，并按规定费用项目设立费用明细账进行归集登记。船舶共同费用在月度终了，通常按各船的营运艘天、吨天或其他比例分摊编制“船舶共同费用分配表”，分配记入各船的“船舶固定费用——船舶共同费用”科目。

对于船舶非营运期费用，在发生时根据原始凭证或成本核算表编制记账凭证，直接记入本船固定费用；或先将不包括非营运期费用的船舶固定费用按日历天比例分配记入船舶各航次成本、出租成本和本船非营运期费用，然后核算全部非营运期费用（燃料、港口费用、其他非营运期费用和分配记入的本船固定费用之和），按当年营运天数分配记入本船各航次成本和出租成本。

对于船舶固定费用，按每一在册船舶设置明细账，归集和核算有关营运支出，按月结算。如果企业租入按合同需要负担固定费用的船舶，应视同自有船舶，设置明细账，归集有关营运支出并结算。

企业通过为每一在册船舶（包括租出船舶）编制年度固定费用预算（包括分配记入固定费用的各项分配性费用），并按该船全年计划营运天数，核算出每营运天固定费用，作为计划分配率。船舶每一航次结束，或出租届临月终，根据该航次实际营运天数、当月出租天数，按照计划分配率核算应列入航次成本或出租成本的固定费用。

如果企业出租部分舱（箱）位，应按出租舱（箱）位占该船舱（箱）位总数的比例，核算舱（箱）位出租成本应负担的固定费用。

年终时，企业按各船实际发生的固定费用数和实际营运天数，调整原已列入各船有关航次的计划分配数。

年末未完航次也应按年度内实际营运天数分担当年固定费用。

船舶固定费用经过年终按实际数分配调整后，不保留余额。

对于船舶租赁费，程租赁费按船舶航次记入航次结束月度的单船成本，期租赁费按航次日历天数分摊记入有关航次成本。

对于舱（箱）位租赁费，应按租入的每批同属一船的舱（箱）位设置明细账，核算所支付的租金和记入运输业务成本的租赁费。

对于集装箱固定费用，企业应按集装箱和底盘车存放的港口、地区或国家分别设置集装箱费用和底盘车费用明细账，归集和核算有关营运支出，按月结算。集装箱的租金、折旧等不能直接按港口、地区或国家归集的费用应作为集装箱共同费用统一核算归集，每月分配记入各港口、地区和国家的集装箱固定费用。

C. 在核算运输成本时，必须扣除与运输无关费用，记入"其他业务支出"或"营业外支出"等有关科目中。

D. 在会计报告期内尚未完成运输业务的各船各营运航次已经发生的费用，包括该未完航次运行费用、已分配记入的船舶固定费用，作为未完航次成本，结转至下一会计报告期。

②内河运输业务。内河运输业务费用可以按以下程序与方法进行归集与分配：

A. 船舶直接费用可以按照客轮、客货轮、货轮、油轮、拖（推）轮、驳船等船舶类型在"主营业务成本——运输支出"科目设置明细分类账，按规定的成本项目设置专栏。也可根据本单位成本管理的需要，按航次、航线和单船设置成本明细分类账。

企业运输船舶所发生的船舶直接费用应根据原始凭证和费用分配表直接记入运输成本明细分类账的有关项目，船舶临时从事非运输工作（如救援、临时出租、短期征用等）所发生的船舶直接费用，仍在有关船舶的成本明细账内归集，在核算运输成本时予以扣除。

企业的交通工作船舶、供应船舶、流动修理船舶以及自营港埠的港作船舶、趸船等应分别在“辅助营运费用”和“营运间接费用”中设立明细账、登记并汇集所发生的费用，不得直接记入运输成本。

客货轮的船舶直接费用可以按下列办法在客货轮客运和客货轮货运之间分摊：客货轮的船舶直接费用中可以直接由客运和货运成本负担的费用，分别直接记入客货轮客运和客货轮货运成本；客货轮费用中不能直接记入客运或货运成本的共同性费用，按客货运换算周转量的比例分摊；企业拖驳运输（包括分节驳顶推运输）若拖（推）轮和驳船固定搭配使用，搭配使用的拖（推）轮和驳船的船舶费用可合并归集，在核算拖驳运输成本时不再进行分配。如临时使用其他船舶生产营运，可按上述办法核算分配。

企业各类运输船舶的船舶直接费用，在核算运输成本时，应扣除与运输成本无关的费用（临时从事非运输工作所应负担的船舶直接费用），其中，客轮、客货轮、货轮、油轮、驳船应按每营运吨天的船舶直接费用和船舶从事非运输工作营运吨天核算。拖（推）轮应按每营运千瓦天船舶直接费用和船舶从事非运输工作营运千瓦天核算。

企业可以将各运输种类负担的船舶直接费用，按月编制“船舶直接费用分配表”据以记入各运输种类成本。

B. 有封冻、枯水等非通航期的企业通常设置“船舶维护费用”明细分类账，并按规定的费用项目设置专栏进行明细核算（非通航期的内河运输企业船舶维护费用，可按航期前、航期后分别设立明细分类账），会计人员应根据有关记账凭证和费用汇总表；按照费用发生的先后，序时登记入账，归集实际发生的船舶维护费用。

年度终了，企业应将全年的船舶维护费用实际发生数与分配数的差额，调整当年的运输成本。

C. 企业可以应按集装箱类型设置“集装箱固定费用”明细分类账，按规定的费用项目设置专栏进行明细核算。所发生的集装箱固定费用，能直接记入营运成本的则直接记入，不能直接记入的需按一定比例分摊记入。由运输成本负担的集装箱固定费用，可按各运输种类船舶直接费用的比例分摊记入各运输种类成本。

D. 企业所发生的下属船队日常管理费用、企业自营港埠费用与船员基地费用等不能直接记入成本核算对象的营运间接费用，可以按照各种业务的直接费用的比例分配记入有关业务成本。

内河运输业务总成本和单位成本，以会计期（年、季、月度）内实际发生的成本为核算基础。企业全部运输船舶所发生的船舶直接费用及分配由运输成本负担的船舶维护费用、集装箱固定费用和营运间接费用，扣除与运输成本无关的费用，即为企业的运输总成本。

企业各类船舶所发生的并按运输种类归集、分配的船舶直接费用和分配由各运输种类成本负担的船舶维护费用、集装箱固定费用及营运间接费用，扣除与该类运输成本无关的费用，即为各运输种类的总成本，各运输种类总成本按客、货运汇集即是企业客运和货运总成本。

（4）民用航空企业。民用航空企业可以按照拥有的机型、航线等，对运输成本进行归集，并填列运输成本、运输飞行小时、运输总周转量和单位成本等信息。

民用航空企业在执行运输业务或通用航空作业过程中所发生的不能直接计入机型成本，需按一定标准在各机型间进行分摊的各项间接成本，在间接营运费用中进行归集。

通用航空成本通常根据不同机型经营数据及“主营业务成本”、“通用航空成本”等科目有关明细账户的发生额，以及对间接费用运用适当方法进行分摊，经分析核算后填列。分摊的标准可以是生产量指标、飞机起飞合重等，也可采用飞机起飞全重与飞行小时之乘积。

每飞行小时成本，指每运输飞行小时所发生的运输成本。根据各机型运输成本、运输飞行小时核算。

每吨公里成本，指每吨公里运输周转量所发生的运输成本。根据各机型运输成本、运输总周转量核算。

每飞行小时耗油量，指每运输飞行小时所消耗的航油数量。根据各机型耗油量、运输飞行小时核算。

国内、国际、香港、澳门航线的运输成本按照运输成本项目的总额除以运输飞行总周转量再乘以不同航线的运输周转量分摊到各航线的相应成本中。

2. 装卸、堆存、港务管理、仓储业务

（1）装卸业务。

①装卸直接费用一般按以下方法进行归集：

以货物装卸业务为成本核算对象的企业，应设置多栏式“主营业务成本——装卸支出”明细分类账，按规定的成本项目设置专栏归集有关费用。

以主要货种的装卸业务为成本核算对象的企业，可按货种设“主营业务成本——装卸支出”明细账，并按成本项目设专栏归集有关费用。

以货种和操作过程的装卸业务为成本核算对象的企业，可参照以上办法设置“主营业务成本——装卸支出”明细账归集有关费用。

以成本责任部门的装卸业务为成本核算对象的企业，可按装卸队、机械队、工具队等装卸作业部门设置“主营业务成本——装卸支出”明细账，并按成本项目设置专栏归集有关费用；对难以归口到责任部门的装卸直接费用，另设“主营业务成本——装卸支出”明细账，按成本项目设置专栏归集有关费用。

以码头、泊位等作业场所的装卸业务作为成本核算对象的企业，应按作业区和专业码头设置“主营业务成本——装卸支出”明细账，按成本项目设置专栏归集有关费用。

②企业装卸队、机械队、工具队等装卸生产部门从事另有收费来源的杂项作业（如机械出租等），应根据非装卸作业的工时记录、机械台时记录、工具领用记录和规定的单位费用或结算价格，据以扣除与装卸业务无关支出，结转由其他业务支出负担。为简化核算工作，也可按所取得的非装卸收入的一定比例作为扣除标准。

③货种装卸成本一般年终一次核算。月度按专业码头、泊位或其他成本责任部门归集装卸直接费用，分配营运间接费用，年末核算货种的装卸总成本和单位成本。

非专业码头从事多种货物装卸作业，一般根据按责任部门归集的直接费用，分别按以下方式核算货种装卸成本：装卸队的费用按实际从事货种装卸作业的工时比例分摊到有关货种；机械队的费用可按实际从事各货种装卸作业的机械台时比例分摊到有关货种；

工具队的费用应分成两部分。工具的采购、制造成本可根据统计资料先分摊到相关货种，工具队的其他费用按各货种分摊的工具采购、制造费用的比例分摊；事故费用、劳动保护费等无法直接记入有关责任部门费用按上述记入货种成本的装卸队、机械队、工具队的直接费用的比例分摊；应扣除的与装卸成本无关的费用参照上述事故费用、劳动保护费用的分摊方法按比例扣除。

财务部门根据各单位上报的分货种装卸成本汇总资料，按各货种成本项目费用比例分摊直接支付的装卸支出，并编制年度装卸成本核算表。

专业化码头临时兼营其他货物装卸业务，也视同专业码头货种核算。非专业码头经营的货物装卸业务，如果某种货物的数量较少，可忽略不计，按从属多数的方法，归并到其他货种核算。

航运业务成本的核算单位为：

①运输综合成本核算单位为“千吨公里”；

②客运成本核算单位为“千人公里”；

③货运成本核算单位为“千吨公里”；

④集装箱运输业务的成本核算单位为“千 TEU 公里”。

（2）堆存业务。企业对于堆存业务支出，一般设置多栏式“主营业务成本——堆存支出”明细分类账，按成本责任部门（各库场队）或仓库、油罐、粮仓等设置账页，按规定的成本项目设置专栏。

企业归集的堆存直接费用，在核算堆存成本时，应扣除堆存无关支出。企业应根据业务部门提供的仓库（堆场）、堆存设备的出租资料，将无关支出结转到“其他业务支出”科目。经过归集、分配和扣除无关支出而汇集的全部堆存直接费用和分摊记入堆存成本的营运间接费用，即为企业的堆存总成本。

(3) 港务管理业务。企业对于港务管理支出，一般设置“主营业务成本——港务管理支出”总分类账和明细分类账。“主营业务成本——港务管理支出”明细分类账可按单项管理业务或责任部门设置账页，按规定的港务管理业务成本项目设置专栏。

港务管理成本可采用与装卸成本类同的核算程序。

(4) 仓储业务。仓储业务成本分配时，可选择按照各类仓储物资销售收入的比例分摊或者按照各类物资平均储存额（量）比例计算分摊。

（七）信息传输企业、软件及信息技术服务企业

以电信企业为代表的信息传输企业在成本归集、分配和结转方面的情况：

间接成本占比大、全程全网联合作业是电信企业经营的主要特点，间接成本占有相当高的比例，只有少数的直接费用可以指向业务（或客户），其他费用都需要根据设定的规则和相应的动因数据，经过分摊

分配处理后，才能归集到业务（或客户）。鉴于企业的成本构成特点，基于科目的传统成本核算模式无法支撑企业成本管理目标，需要创新成本核算及分析体系，促进企业不断提升成本管理水平。尽管作业成本法源于制造业，但从服务业间接成本占较大比例的特点来看，它在生产性服务业中应有相当大的实施空间。电信网络的特殊性决定了电信产品的多样性和复杂性，如：多种电信业务使用同一个网络，使得网络成本分摊困难；电信业存在的规模经济性和范围经济性，使电话网各业务之间的共用成本很高；网络利用率和用户量是影响电信产品单位成本极其重要的相关因素等等。所有这些因素决定了理清电信单位业务成本和单位客户成本十分困难。作业成本法能更加准确和多维地进行成本核算，提供大量详细的中间成本信息，从而更好地进行电信成本的核算。目前，作业成本法是解决上述电信成本核算困难的有效方案之一。从实践上来看，许多电信企业运用作业成本法已经取得了良好的效果。

（八）文化企业

本制度规定，文化企业发生的有关成本项目费用，由某一成本核算对象负担的，应当直接计入成本核算对象成本；由几个成本核算对象共同负担的，应当选择人员比例、工时比例、材料耗用比例等合理的分配标准分配计入成本核算对象成本。

以上规定表明，文化企业应按照企业产品成本归集、分配和结转的原则进行会计处理，同时，在确定有关费用的分配标准时，应当体现自身生产经营特点和管理要求。

1. 出版单位成本、费用的归集和分配

出版单位在编辑加工出版物时，发生的“稿酬及校订费”、“租型费用”、“原材料及辅助材料”、“制版费用”、“印装（制作）费用”、“出版损失”、“编录经费”、“其他直接费用”等费用，属于直接生产费用，在费用发生时，根据原始凭证直接计入某种出版物成本中，称“直接成本”；编录经费属于间接成本，无法直接计入某一种出版物成本中，需要通过分摊计入每种出版物的成本中。

编录经费是指编录部门所发生的、无法直接计入某一种出版物成本的各项间接生产费用，包括编录人员的各项人工成本、办公费、差旅费、会议费、业务费、资料费、摄影费、编录用品购置或摊销等。编录经费作为间接成本，应按照因果原则、受益原则、公平原则，采取比较科学和大体合理的方法，将其分摊到每一种出版物的成本中去。

（1）传统方法。传统的方法是将全部间接成本按照事先确定的、根据单一要素计算的间接成本率分摊到出版物成本中。

（2）按编录部门归集分摊。编录部门通常情况下按分工设置。

（3）组合分摊。

（4）定额分摊。

出版单位具体采用何种分配方法，由出版单位自行决定。分配方法一经确定，不得随意变更。

2. 书刊、报纸印刷企业成本、费用的归集和分配

企业进行印刷产品加工生产，应按生产过程中各项生产费用的用途予以归集。

（1）原材料成本的归集与分配。企业生产过程中耗用的原材料，应按车间、部门、工段和用途别归集的“材料耗用汇总表”，据以登记“生产成本”、“制造费用”等有关明细账。基本生产车间一个基本工段生产两类或两类以上的产品，且耗用同一种原材料，应尽可能分别统计各类产品的实耗数，并按实耗数计入产品成本；如不能划分而又必须分配的，可按实物产量、工时比例或产值比例进行分配，计入有关产品成本。

（2）人工成本的归集与分配。基本生产车间的工资及福利费，应按车间、部门的“工资汇总表”，据以登记“生产成本——基本生产成本”、“生产成本——辅助生产成本”和“制造费用”等有关明细账。基本生产车间的一个基本工段生产两类或两类以上产品，各类产品的人工成本，可按该工段的实耗工

时（或实物产量）工资率乘各类产品的实耗工时数（或实物产量）计算后求得。计算公式如下：

基本工段实耗工时（或实物产量）工资率＝工资及福利费总额÷实耗工时（或实物产量）总数

基本生产车间的几个基本工段共同完成的同一类产品，其人工成本应按各工段的实耗工时（或实物产量）工资率乘各工段实耗工时数（或实物产量），分段计算各个工段成本，经加总后计入该类产品成本。

基本生产车间辅助工段的工资及福利费，按各受益工段的受益程度采取定额法比例分配。

辅助工段发生对外供应劳务收入，不得直接冲减基本生产成本；对外供应劳务应负担的工资和福利费，可以根据实耗工时及工时工资率或定额成本进行分配。

（3）燃料和动力成本的归集与分配。基本生产车间生产耗用的燃料和动力，按使用车间、部门的仪表记录数的比例进行分配。没有仪表记录的，燃气按所用设备每小时耗用量计算耗用数分配；基本生产车间的一个基本工段生产两类或两类以上的产品，其燃料和动力直接记入受益产品；如不能直接记入的，可按实物产量或工时比例进行分配。

（4）其他直接费用的归集与分配。企业生产过程中，为生产产品和提供劳务而发生的其他直接费用，直接计入产品成本。

①印刷用纸张和委托外加工发生费用，直接计入产品成本。

②固定资产折旧和低值易耗品摊销，分别按使用车间、部门编制的“应计折旧明细表”和“低值易耗品摊销明细表”，将应由各受益的车间、部门负担数，分别记入“生产成本——辅助生产成本”、“制造费用”和“管理费用”等有关明细账；对应由基本生产车间负担的部分，还应按各受益的基本工段分别归集登记，尽可能直接计入受益产品成本。

③照明电和水，应按使用车间、部门的照明电表和水表的记录数的比例进行分配。如无仪表记录，照明电按使用灯光的千瓦数与使用小时数的比例分配；水按每小时耗用量或人员比例分配。

④机器和房屋租赁费，能直接按使用车间、部门划分的，应直接记入“制造费用”、“生产成本——辅助生产成本”和“管理费用”等有关明细账；不能划分的，应按受益车间、部门的使用工时或使用面积的比例进行分配。

⑤基本生产过程中发生的废品损失，应在同类产品已完工产成品之间进行分配，不得将报损的废品支出，列入其他成本项目。

（5）共同费用的归集与分配。企业生产过程中，为生产产品和提供劳务而发生的各项间接费用，按一定标准分配计入产品成本。

①辅助生产车间成本的分配。辅助生产车间有商品制造任务或对外供应劳务的，应根据有关的施工单和用料、耗料记录，按其应负担的实际成本计算。辅助生产车间为企业内部提供劳务而发生的各项支出，应按该辅助生产车间为之服务而实际耗用的原材料和人工实耗工时数乘以工时成本率计算。

②制造费用的分配。基本生产车间的发生的制造费用，按实物产量、工时比例分配于该车间的基本工段。

（6）月末，企业应根据“生产成本——基本生产成本”、“生产成本——辅助生产成本”和“制造费用”等有关明细账和各种材料、费用分配表，及其他有关的单据，进行成本核算与分配，求得如下各种成本：

①各辅助车间当月各项目成本和总成本；

②各基本生产车间及其所属工段当月各项目成本和总成本；

③各类产成品的各项目成本、总成本和单位成本；

④各类在产品的各项目成本和总成本；

⑤各批产品的分批成本和单位成本。

（7）完工产品与在产品成本的划分界线。

①电脑照排产品以出菲林片为产成品，未出菲林

片为在产品。

②胶印照相制版产品以打样签准为产成品，未签准为在产品。

③印刷产品以印制单规定的产量印刷检查完毕后可供销售，或可移交下一工段为产成品，在此以前为在产品。

④装订产品以装订、检查、包扎好可供销售为产成品，在此以前为在产品。

⑤其他产品，以加工完毕可以单独向客户结价收款的为产成品；不能单独结价收款的，以可移交下一工段加工的为产成品，在此以前均为在产品。

（8）完工产品与在产品成本的分配标准。

①材料成本：凡能按产品批别建立用料记录的，均按分批记录计算产品的用料成本；如不能按批建立分批产品用料记录，可按实物产量、约当产量或产值比例进行分配。

②人工及费用成本（指工资及福利费、燃料和动力、制造费用），一律按在产品与产成品所消耗的工时、产量比例或约当产量进行分配。

（9）完工产品与在产品成本的核算。

①企业必须如实核算完工产品与在产品成本，对由基本生产车间的几个基本工段，多步骤加工完成的分类产品，可以按工段计算在产品成本。

②企业核算各分类在产品和产成品应负担的单位

生产成本时，应将上期结转在产品成本与本期各同类产品的生产费用发生额合并后计算。公式如下：

材料成本计算：

本期产成品和期末在产品应负担的单位生产成本（指实物产量或产值）=（期初在产品成本+本期生产费用发生额）÷（本期产成品实物产量或产值+期末在产品实物产量或产值或约当产量）

人工及费用成本计算：

本期产成品和期末在产品应负担的单位生产费用数（指实耗工时或实物产量）=（期初在产品成本+本期生产费用发生额）÷（期初在产品工时数或实物产量+本期发生工时数或实物产量）

3. 音像电子出版物产品的复制成本、费用的归集和分配

音像电子出版复制企业生产过程中发生的各项生产费用，按照生产步骤进行归集，分别按成本项目设置专栏进行归集登记。生产步骤一般包括：母盘（带）制作、子盘（带）复制、盘面印刷、包装装潢等。

（1）原材料的归集与分配。产品生产耗用的原材料，应根据各生产步骤的领料凭证和“材料耗用汇总表”直接计入该产品的生产成本；如不能直接计入的，可按各产品的产量、重量、定额消耗量或定额费用比例等确定分配标准，分配计入各有关产品

成本。

(2）委托加工的归集与分配。企业应根据委托购入母盘的实际成本，直接计入该产品的生产成本。

(3）动力费用的归集与分配。实际发生的动力费用，应根据仪表记录耗用动力的数量以及动力的平均单价计算，直接计入该产品成本项目；如没有仪表记录的，可按生产实物产量和工时比例、机器功率时数（机器功率×机器时数）比例，或定额消耗量比例等确定分配标准，分配计入各个有关产品成本。

(4）人工费用的归集与分配。计件工资，应根据工资结算凭证和“工资分配表”，直接计入产品生产成本；计时工资，应根据人工工种的不同，按不同工种生产各类产品的生产工时（实际工时）比例，分配计入各生产步骤的有关生产成本。奖金、津贴、补贴和计提职工福利费，以及特殊情况下支付的工资等，应按计入的工资额比例或生产工时比例，分配计入各生产步骤的有关生产成本。

(5）制造费用的归集与分配。根据车间、部门分别设立制造费用明细账进行归集与分配。按车间、部门受益情况分别核算，不得将各车间、部门的制造费用汇总后统一分配。月末，根据各类费用的项目性质和特点，确定制造费用的分配方法。计算后将制造费用分配记入各有关产品成本。

常用的分配方法有以下几种：生产工人工时比例

分配法、生产工人工资比例分配法、机器工时比例分配法和年度计划分配率法等。

（6）月末，企业根据“生产成本——基本生产成本”等有关明细账和费用分配表以及各类单据，进行复制成本的计算与分配。

①每个步骤产品完工经检验合格后，由车间填制完工产品转移通知单，分别作为财会部门成本计算的依据和下道工序或仓库接收的凭证，以及车间产品转移记录的备查单据。

②财会部门依据最终产品车间送来的完工产品转移通知单、仓库产品入库单、产品成本明细账和有关原始凭证资料，选用移动平均法等产品计价方法，编制产品成本计算表，据以计算产成品的单位成本和总成本。

③根据复制企业的生产特点，一般不计算各步骤在产品成本。月末，如有在产品及可回收废品，可按其完工程度折合成约当产量，并结合已完工产品产量，与总生产成本相配比，最终计算在产品成本和可回收废品的成本。

（九）其他企业

本制度规定，除本制度已明确规定的以外，其他行业企业应当比照以上类似行业的企业对产品成本进行归集、分配和结转。

本制度以制造企业为蓝本，明确了企业产品成本核算的总体要求和一般原则，企业通常情况下应当据此进行产品成本核算；另一方面，本制度还兼顾其他行业特点作出了有关规定，如成本核算项目按经济用途、生产要素的经济内容、成本性态等方式确定的方法，又如不能直接归集到成本核算对象上的费用的多种分配方法，以及多种成本结转方法，涵盖了企业产品成本核算的各个方面，基本能够满足企业产品成本核算的一般要求。因此，本制度未明确规定的企业，应当根据自身生产经营特点和管理要求，判断相对类似于本制度所规定的哪种企业，并比照进行成本核算。

第五章　附　则

本章主要对制度附则部分进行讲解，包括小企业参照执行本制度、本制度施行的时间，《国营工业企业成本核算办法》废止的时间等。

一、小企业参照执行本制度

2013 年 1 月 1 日，《小企业会计准则》正式施行。《小企业会计准则》第三条明确规定，符合本准则规定的小企业，可以执行本准则，也可以执行《企业会计准则》；执行本准则的小企业，发生的交易或者事项本准则未作规范的，可以参照《企业会计准则》中的相关规定进行处理。本制度是依据《企业会计准则》起草的，是对《企业会计准则》有关成本核算的规定的有机整合和进一步完善。因此，执行《企业会计准则》的小企业，应当执行本制度；执行《小企业会计准则》的小企业，在进行产品成本核算时，可以参照执行本制度。

二、本制度施行时间和《国营工业企业成本核算办法》的废止

（一）本制度的施行时间

本制度将施行之日定为 2014 年 1 月 1 日，主要考虑：一是本制度是企业会计准则体系的重要组成部分，目前，企业会计准则体系已经在全国大中型企业范围内得到了持续、平稳、有效实施，为本制度的施行奠定了较好的实践基础；二是本制度需要时间来作广泛的宣传和培训，执行前的基础工作也需要时间来准备和落实；三是将施行之日定为 1 月 1 日，作为一

个会计年度的开始，便于企业核算，也符合《会计法》的要求。

（二）《国营工业企业成本核算办法》的废止

法律法规的实效办法一般有：一是宣布实效，包括在新制定的法律法规制度中宣布旧法失实效，以及专门发布决定宣布失效；二是自动失效，即新的法律法规制度制定后，并不宣布被替代的旧法失效，但由于旧法的规定要么被新法的规定替代，要么与新法的规定冲突，应当自动失效。本制度的相关规定，属于第一种情况。

附录一：会计司领导讲话

认真学习 扎实推进 全面贯彻《企业产品成本核算制度（试行）》

财政部会计司司长 杨 敏

财政部党组成员、部长助理余蔚平同志的讲话，精辟论述了实施《企业产品成本核算制度（试行）》（以下简称“成本制度”）的重大意义，指出要准确把握成本制度的深刻内涵和重大创新，并对贯彻成本制度、推进管理会计体系全面建设提出了明确要求。我们一定要认真学习、深刻领会、全面贯彻。下面，我就贯彻落实余蔚平部长助理的讲话精神，做好《企业产品成本核算制度（试行）》的实施工作讲三点意见：

一、我们要统一思想，充分认识制定成本制度的重要性和必要性

企业产品成本核算既是企业的一项重要会计工作，也是企业的一项重要管理活动。制定成本制度是规范和加强企业产品成本核算的一项重要制度安排，对于加强企业内部管理、提高竞争力具有重要意义，也是不断完善企业会计准则体系、推进管理会计体系建设的一项重要任务。

（一）适应加强企业成本管理的需要

随着市场经济体制的日益完善，企业由传统生产型，向生产经营型和开拓经营型转变。企业产品成本核算的目的也发生了重大变化，不仅要满足政府、股东、债权人等利益相关方的外部信息需求，还要为企业内部管理服务，从而切实提高企业的经济效益。这在客观上要求企业建立起既能计算产品实际成本，又便于成本控制和成本预测决策；既能满足宏观成本管理要求，又能满足企业内部管理要求的成本核算模式。现行企业产品成本核算办法难以满足企业多层次、多维度的管理需求。为此，楼继伟部长和余蔚平部长助理专门作出“从出资人角度研究会计问题，切实加强管理会计工作”的指示。结合市场经济新发展和企业管理新需要制定成本制度，进一步规范企业产品成本核算，提高产品成本信息质量，有助于企业开展绩效考评、成本决策、经营决策等管理活动，促进提高企业竞争力。

（二）适应我国企业应对“反倾销”的需要

随着我国企业产品出口贸易的迅速发展，国际社会特别是欧美国家借产品成本问题对我国出口产品发起的反倾销案件急剧增加，中国已经连续多年成为全球首位被反倾销对象，一定程度上影响了我国企业参与国际竞争。如何应对反倾销的挑战，并尽可能地规避其带来的风险已成为当务之急。会计信息在反倾销提起、反倾销调查和反倾销应诉过程中，起着基础性作用。特别是产品成本的核算方法，是确定被调查产品倾销存在与否的重要依据。规范企业产品成本核算，保证成本信息质量，是企业有效应对反倾销的重要举措。因此，制定成本制度是谋求中国完全市场经济地位的重要制度安排，是提高企业国际竞争力的重要制度基础，对于贯彻实施中央“走出去”战略具有重要意义。

（三）适应完善企业会计准则体系的需要

我国从20世纪50年代到80年代期间陆续颁布了《国营工业企业统一成本计算规程》、《国营工业企业成本核算办法》等关于企业成本会计核算的规范。随着会计改革的深入，在20世纪90年代先后发布了13个行业会计制度，在2000年《企业会计制度》印发后配套制定了12个行业核算办法，不断规范、改进企业成本核算。2006年企业会计准则发布后，企业产品成本核算得到了进一步充实和完善，实现了国际趋同。但是，无论是准则还是制度，都没有具体涉及成本费用的计算方法、归集和分配等内容，而这些内容往往会影响财务报告中存货成本和营业成本等信息的准确性。因此，进一步规范产品成本核算，建立一套各行业通用的产品成本核算制度，是推动企业会计准则体系不断健全、完善的一项重要任务，对企业会计准则的持续平稳有效实施具有重要意义。

（四）适应管理会计体系建设的需要

随着经济全球化的日益深入和市场竞争的不断加剧，企业的生存与发展愈来愈取决于企业的管理水平。大力推进管理会计的研究和运用，在提升企业经营管理水平、防范企业风险、增加企业价值等方面为各级决策者提供强有力的决策支持，已成为各界的广泛共识和一致呼声。然而，一段时期以来，我们的会计标准建设，考虑外部投资者、社会公众和外部审计较多，而服务企业内部管理决策不够，应当同时从出资人角度研究会计问题，切实加强管理会计工作。为此，通过制定成本会计制度，从而探索建立我国管理会计体系是有益的，也是可行的。如在制定成本制度的过程中，我们会同中国石油化工股份有限公司、中国机械工业集团公司、中国铁道建筑股份有限公司、中国远洋运输（集团）总公司、中国电信集团公司、中国普天信息产业集团公司、中钢集团等多家企业，以及会计理论界的知名专家组成专家工作组，充分吸收其所代表的行业的先进做法和经验，制定了成本制度。成本制度既满足了加强企业成本核算的需要，又体现了管理会计理念。

二、求实创新，确保成本制度有为可行

成本制度有五章五十三条，主要内容可以概括为：衔接两大体系，体现两个结合，实现三大突破。

（一）衔接两大体系

两大体系，即企业会计标准体系和管理会计体系。目前，企业会计标准体系基本建成并在大中小型企业全面实施，管理会计体系已列为今后会计改革与发展的重点方向。成本制度一方面与企业会计标准体系保持了衔接，有机整合了企业会计准则中关于产品成本核算的零散内容，例如存货会计准则关于产品加工成本的内容，建造合同会计准则关于工程施工成本的内容，无形资产、固定资产会计准则中关于应计入产品成本的摊销和折旧的内容，职工薪酬会计准则中关于应计入产品成本的人工费用的要素范畴。同时，由于以上规定相对较为原则，不够具体，不能满足企业进行产品成本核算的需要，成本制度在整合的基础上，还进一步规范了产品成本核算对象、产品成本核算项目和范围以及产品成本归集、分配和结转，建立了企业产品成本核算的操作性规范。另一方面，成本制度与管理会计体系建设进程保持了衔接，突出体现了企业内部管理对产品成本核算多维度、多层次的需要，明确规定企业应当根据内部管理要求确定成本核算对象、成本核算项目，并在此基础上对有关费用进行归集、分配和结转，同时，适度加入作业成本法等，为管理会计体系的建设迈出了坚实步伐。

（二）体现两个结合

一是和规范化、科学化、信息化管理的需求相结合。规范化、科学化、信息化是财政管理的基本要求。成本制度贯穿了这一要求。成本制度规定了各行业企业产品成本核算的基本原则方法，统一了各行业企业产品成本核算标准，有力规范了企业产品成本核算行为，保证了成本信息真实完整。同时，行业不同，企业产品成本核算特点不同，但从成本核算流程及归集、分配、结转的方法看，又具有普遍规律，成本制度准确把握了这一规律，从成本核算对象、范围、项目、归集、分配、结转、报告入手，系统整合了分散在具体会计准则、专业核算办法等会计准则制度中的有关规定，保证了成本制度科学可行。另外，随着企业产品成本核算方式逐步由传统的手工记账向信息化转变，为进一步提高产品成本核算的及时性、准确性和全面性，充分发挥产品成本核算在经营管理活动中的基础性作用，成本制度明确要求企业充分利用 ERP 等现代信息技术，切实加强内部成本管理的各项基础工作，体现了会计信息的发展方向。

二是和目前行之有效的规定和做法相结合。从企业产品成本核算制度的沿革来看，1992 年以前，我国成本会计采用完全成本法来核算产品成本，即将制造成本和非制造成本中的销售费用、管理费用和财务费用都计入产品成本。在完全成本法下，企业通过产量来调节利润的空间较大，不利于正确计算当期损益。1992 年以后通过会计改革，依据国际惯例采用制造成本法核算产品成本，即：企业归集一定期间内生产过程中所发生的各种制造成本，采用一定的方法和标准分配计入相应的产品，非制造成本（销售费用、管理费用和财务费用）从当期损益中直接扣除。制造成本法作为一种普遍的核算办法，一直稳定使用至今。为此，在成本制度的制定过程中，我们继承《国营工业企业成本核算办法》、行业会计制度、《企业会计制度》以及有关行业核算办法的精髓，充分体现我国企业长期以来形成的行之有效的做法，结合企业会计准则和经济社会发展的新要求，对企业产品成本核算进行改革和发展。同时，在制度体例设计方面，以目前成本核算较为典型和完备的制造业为蓝本，明确成本核算的总体要求和一般原则，同时又立足其他行业的实践基础，充分体现了行业特点。

（三）实现三大突破

在体现两个结合的基础上，实现了以下三大突破：

一是建立制造业和非制造业企业统一适用的产品成本核算体系，兼顾制度的普遍适用性和可操作性。我国制造业（工业）在国民经济中具有重要地位，且其产品结构复杂繁多，成本核算方法和程序较为典型、成熟，长期以来，无论是企业会计准则制度还是成本会计教科书，通常以制造企业为蓝本作出相关规定或论述。但是，随着非制造业在国民经济中的比重日益扩大，以及现代企业集团多领域、跨行业的多元化发展趋势及其产品成本核算的日益复杂化，农业、采矿业、建筑业、交通运输业、信息传输业等非制造业的产品成本信息在企业管理中变得日益重要。制定统一适用于制造业和非制造业的产品成本核算制度，已成为当务之急。成本制度以“制造业”为蓝本，明确企业产品成本核算的总体要求和一般原则。企业通常情况下应当据此进行产品成本核算。

同时，成本制度还兼顾其他行业特点作出了有关规定，除已经明确规定的以外，其他行业企业应当比照成本制度中类似行业的企业进行产品成本核算。

二是以国民经济分类标准划分的20大类行业为基础，并结合财政部以往发布的行业会计制度和核算办法所涉及的13个行业，科学、系统地整合划分了11个行业类别：一是基本上覆盖了以往发布的行业会计制度、行业会计核算办法所涉及的行业范围，保持政策必要的延续性；二是与国民经济行业分类标准基本一致，确保成本制度行业划分的科学性，便于企业理解和操作；三是涵盖了国民经济分类中的主要类型，不但包括制造业、农业等传统产业，还包括了交通运输、信息传输、软件及信息技术服务等生产性服务业，以及有关生活性服务业，确保成本制度适应经济社会发展要求，具备广泛适用性；四是考虑到金融保险业的企业在业务流程、经营管理等方面的特点，规定其不适用这次发布的成本制度。

三是体现企业管理发展的新需要，适度引入现代企业成本核算的新实践，促进发挥成本信息在管理中的基础作用。成本核算是成本管理的一项基础性工作，同时，成本管理又为成本核算的不断完善提供了方向和环境。但是，传统的成本核算方法难以满足实务中成本管理的新需要。例如，企业在进行定价决策时，需要掌握特定产品的成本信息；在进行生产流程优化决策时，需要掌握各个生产步骤的成本信息；在进行营销决策时，需要掌握特定订单或客户的产品成本信息。为此，成本制度规定，企业可以按照“多维度”、“多层次”的管理需求进行产品成本核算。又如，随着企业IT技术的运用，企业使用现代信息技术来管理经营与生产，是产品成本核算和管理的趋势。作业成本法作为管理会计的重要内容之一，适时予以引入，将有助于引导企业将产品成本核算与成本信息的分析和应用结合起来，促进企业降本增效。调研显示，目前信息传输、软件及信息技术服务行业的有关企业，已经具备了较好的作业成本法操作基础和成功实践。成本制度据此作出了适度规定。

三、统筹规划，确保成本制度实施的高质量

成本制度将在2014年1月1日正式施行。为贯彻落实余蔚平部长助理的讲话精神，扎实做好成本制度的实施工作，我强调以下几点：

一是高度重视、加强领导。各地财政部门要会同当地国资委等有关监管部门，建立健全联合工作机制，对本地区的实施工作作出统筹安排和具体部署，随时掌握本地区执行制度过程中的有关情况，对存在的问题和情况要及时加以解决和协调，无法解决的，应当立即上报财政部。

二是制定方案、层层培训。由于我国企业涉及面广、管理水平参差不齐，成本制度的宣传培训必须依靠各级财政部门通力协作，层层培训，层层传达。我们这次组织的是全国师资培训，请的是各地财政系统会计管理机构处长、分管会计制度的同志、有关师资以及中央企业负责成本核算业务的同志，制度精神要靠你们回去“传经送宝”，实施要求要靠你们传达落实。各地财政部门要结合本地实际，统筹规划，通盘考虑，制定详尽的培训方案，积极采取多种形式开展宣传培训，年底前务必将成本制度宣传培训到各企业，确保明年1月1日顺利实施。

三是搜集反馈、注重应对。要加强与媒体的沟通与联系，密切关注有关成本制度的宣传报道和媒体反映，制度施行后，更要及时了解制度对企业业绩、持续发展、社会经济生活等方面的影响，尽快尽早尽可能较全面地掌握执行中可能会出现的问题，抓住重点，深入研究，积极应对。

四是监管联动、形成合力。今后一段时间，财政部驻各地财政监察专员办事处、各地财政部门财政监督检查机构在每年的年报监管工作中，要把执行成本制度的情况作为产品成本会计信息质量的检查重点之一，并适时开展专项检查或调研。

五是系统支撑、提高效率。企业应当根据成本制度，对其现有的相关信息系统进行必要的升级和改进，全面满足企业会计核算和财务管理的需要。通过推进企业会计信息化，既有利于规范企业产品成本核算，也有利于提高企业内部会计工作效率。

六是强化服务、助推发展。地方财政部门和会计师事务所、会计代理机构等专业机构，要紧紧抓住贯彻实施成本制度的有利时机，帮助企业夯实成本管理基础工作，促进加强企业成本核算，保证企业成本信息真实完整，助力企业管理升级，助推企业健康发展，并通过卓有成效的服务，实现自我做强做大。

同志们，学习好贯彻好成本制度，是当前会计工作的一件大事，希望大家以饱满的热情和扎实的工作，全力推动成本制度政策落地，积极投身管理会计体系建设，充分释放改革的红利，为我国会计改革与发展谱写新华章。

（此文系财政部会计司司长杨敏同志 2013 年 11 月 15 日在《企业产品成本核算制度（试行）》全国师资培训班开班式上的讲话）

附录二：企业产品成本核算制度（试行）

企业产品成本核算制度（试行）

财会［2013］17号　2013年8月16日

第一章　总　则

第一条　为了加强企业产品成本核算工作，保证产品成本信息真实、完整，促进企业和经济社会的可持续发展，根据《中华人民共和国会计法》、企业会计准则等国家有关规定制定本制度。

第二条　本制度适用于大中型企业，包括制造业、农业、批发零售业、建筑业、房地产业、采矿业、交通运输业、信息传输业、软件及信息技术服务业、文化业以及其他行业的企业。其他未明确规定的行业比照以上类似行业的规定执行。

本制度不适用于金融保险业的企业。

第三条　本制度所称的产品，是指企业日常生产经营活动中持有以备出售的产成品、商品、提供的劳务或服务。

本制度所称的产品成本，是指企业在生产产品过程中所发生的材料费用、职工薪酬等，以及不能直接计入而按一定标准分配计入的各种间接费用。

第四条　企业应当充分利用现代信息技术，编制、执行企业产品成本预算，对执行情况进行分析、考核，落实成本管理责任制，加强对产品生产事前、事中、事后的全过程控制，加强产品成本核算与管理各项基础工作。

第五条　企业应当根据所发生的有关费用能否归属于使

产品达到目前场所和状态的原则，正确区分产品成本和期间费用。

第六条 企业应当根据产品生产过程的特点、生产经营组织的类型、产品种类的繁简和成本管理的要求，确定产品成本核算的对象、项目、范围，及时对有关费用进行归集、分配和结转。

企业产品成本核算采用的会计政策和估计一经确定，不得随意变更。

第七条 企业一般应当按月编制产品成本报表，全面反映企业生产成本、成本计划执行情况、产品成本及其变动情况等。

第二章 产品成本核算对象

第八条 企业应当根据生产经营特点和管理要求，确定成本核算对象，归集成本费用，计算产品的生产成本。

第九条 制造企业一般按照产品品种、批次订单或生产步骤等确定产品成本核算对象。

（一）大量大批单步骤生产产品或管理上不要求提供有关生产步骤成本信息的，一般按照产品品种确定成本核算对象。

（二）小批单件生产产品的，一般按照每批或每件产品确定成本核算对象。

（三）多步骤连续加工产品且管理上要求提供有关生产步骤成本信息的，一般按照每种（批）产品及各生产步骤确定成本核算对象。

产品规格繁多的，可以将产品结构、耗用原材料和工艺过程基本相同的产品，适当合并作为成本核算对象。

第十条 农业企业一般按照生物资产的品种、成长期、批别（群别、批次）、与农业生产相关的劳务作业等确定成本核算对象。

第十一条 批发零售企业一般按照商品的品种、批次、订单、类别等确定成本核算对象。

第十二条 建筑企业一般按照订立的单项合同确定成本核算对象。单项合同包括建造多项资产的，企业应当按照企业会计准则规定的合同分立原则，确定建造合同的成本核算对象。为建造一项或数项资产而签订一组合同的，按合同合并的原则，确定建造合同的成本核算对象。

第十三条 房地产企业一般按照开发项目、综合开发期数并兼顾产品类型等确定成本核算对象。

第十四条 采矿企业一般按照所采掘的产品确定成本核算对象。

第十五条 交通运输企业以运输工具从事货物、旅客运输的，一般按照航线、航次、单船（机）、基层站段等确定成本核算对象；从事货物等装卸业务的，可以按照货物、成本责任部门、作业场所等确定成本核算对象；从事仓储、堆存、港务管理业务的，一般按照码头、仓库、堆场、油罐、筒仓、货棚或主要货物的种类、成本责任部门等确定成本核算对象。

第十六条 信息传输企业一般按照基础电信业务、电信增值业务和其他信息传输业务等确定成本核算对象。

第十七条 软件及信息技术服务企业的科研设计与软件开发等人工成本比重较高的，一般按照科研课题、承接的单项合同项目、开发项目、技术服务客户等确定成本核算对象。

合同项目规模较大、开发期较长的，可以分段确定成本核算对象。

第十八条 文化企业一般按照制作产品的种类、批次、印次、刊次等确定成本核算对象。

第十九条 除本制度已明确规定的以外，其他行业企业应当比照以上类似行业的企业确定产品成本核算对象。

第二十条 企业应当按照第八条至第十九条规定确定产品成本核算对象，进行产品成本核算。企业内部管理有相关要求的，还可以按照现代企业多维度、多层次的管理需要，确定多元化的产品成本核算对象。

多维度，是指以产品的最小生产步骤或作业为基础，按照企业有关部门的生产流程及其相应的成本管理要求，利用现代信息技术，组合出产品维度、工序维度、车间班组维度、生产设备维度、客户订单维度、变动成本维度和固定成本维度等不同的成本核算对象。

多层次，是指根据企业成本管理需要，划分为企业管理部门、工厂、车间和班组等成本管控层次。

第三章 产品成本核算项目和范围

第二十一条 企业应当根据生产经营特点和管理要求，按照成本的经济用途和生产要素内容相结合的原则或者成本性态等设置成本项目。

第二十二条 制造企业一般设置直接材料、燃料和动力、直接人工和制造费用等成本项目。

直接材料，是指构成产品实体的原材料以及有助于产品形成的主要材料和辅助材料。

燃料和动力，是指直接用于产品生产的燃料和动力。

直接人工，是指直接从事产品生产的工人的职工薪酬。

制造费用，是指企业为生产产品和提供劳务而发生的各项间接费用，包括企业生产部门（如生产车间）发生的水电费、固定资产折旧、无形资产摊销、管理人员的职工薪酬、劳动保护费、国家规定的有关环保费用、季节性和修理期间的停工损失等。

第二十三条 农业企业一般设置直接材料、直接人工、机械作业费、其他直接费用、间接费用等成本项目。

直接材料，是指种植业生产中耗用的自产或外购的种子、种苗、饲料、肥料、农药、燃料和动力、修理用材料和零件、原材料以及其他材料等；养殖业生产中直接用于养殖生产的苗种、饲料、肥料、燃料、动力、畜禽医药费等。

直接人工，是指直接从事农业生产人员的职工薪酬。

机械作业费，是指种植业生产过程中农用机械进行耕耙、播种、施肥、除草、喷药、收割、脱粒等机械作业所发生的费用。

其他直接费用，是指除直接材料、直接人工和机械作业费以外的畜力作业费等直接费用。

间接费用，是指应摊销、分配计入成本核算对象的运输费、灌溉费、固定资产折旧、租赁费、保养费等费用。

第二十四条 批发零售企业一般设置进货成本、相关税费、采购费等成本项目。

进货成本，是指商品的采购价款。

相关税费，是指购买商品发生的进口关税、资源税和不能抵扣的增值税等。

采购费，是指运杂费、装卸费、保险费、仓储费、整理费、合理损耗以及其他可归属于商品采购成本的费用。采购费金额较小的，可以在发生时直接计入当期销售费用。

第二十五条 建筑企业一般设置直接人工、直接材料、机械使用费、其他直接费用和间接费用等成本项目。建筑企业将部分工程分包的，还可以设置分包成本项目。

直接人工，是指按照国家规定支付给施工过程中直接从事建筑安装工程施工的工人以及在施工现场直接为工程制作构件和运料、配料等工人的职工薪酬。

直接材料，是指在施工过程中所耗用的、构成工程实体的材料、结构件、机械配件和有助于工程形成的其他材料以及周转材料的租赁费和摊销等。

机械使用费，是指施工过程中使用自有施工机械所发生的机械使用费，使用外单位施工机械的租赁费，以及按照规定支付的施工机械进出场费等。

其他直接费用，是指施工过程中发生的材料搬运费、材料装卸保管费、燃料动力费、临时设施摊销、生产工具用具使用费、检验试验费、工程定位复测费、工程点交费、场地清理费，以及能够单独区分和可靠计量的为订立建造承包合同而发生的差旅费、投标费等费用。

间接费用，是指企业各施工单位为组织和管理工程施工所发生的费用。

分包成本，是指按照国家规定开展分包，支付给分包单位的工程价款。

第二十六条 房地产企业一般设置土地征用及拆迁补偿费、前期工程费、建筑安装工程费、基础设施建设费、公共配套设施费、开发间接费、借款费用等成本项目。

土地征用及拆迁补偿费，是指为取得土地开发使用权（或开发权）而发生的各项费用，包括土地买价或出让金、大市政配套费、契税、耕地占用税、土地使用费、土地闲置费、农作物补偿费、危房补偿费、土地变更用途和超面积补交的地价及相关税费、拆迁补偿费用、安置及动迁费用、回迁房建造费用等。

前期工程费，是指项目开发前期发生的政府许可规费、招标代理费、临时设施费以及水文地质勘察、测绘、规划、设计、可行性研究、咨询论证费、筹建、场地通平等前期费用。

建筑安装工程费，是指开发项目开发过程中发生的各项主体建筑的建筑工程费、安装工程费及精装修费等。

基础设施建设费，是指开发项目在开发过程中发生的道路、供水、供电、供气、供暖、排污、排洪、消防、通讯、照明、有线电视、宽带网络、智能化等社区管网工程费和环境卫生、园林绿化等园林、景观环境工程费用等。

公共配套设施费，是指开发项目内发生的、独立的、非营利性的且产权属于全体业主的，或无偿赠与地方政府、政府公共事业单位的公共配套设施费用等。

开发间接费，指企业为直接组织和管理开发项目所发生的，且不能将其直接归属于成本核算对象的工程监理费、造价审核费、结算审核费、工程保险费等。为业主代扣代缴的公共维修基金等不得计入产品成本。

借款费用，是指符合资本化条件的借款费用。

房地产企业自行进行基础设施、建筑安装等工程建设的，可以比照建筑企业设置有关成本项目。

第二十七条 采矿企业一般设置直接材料、燃料和动力、直接人工、间接费用等成本项目。

直接材料，是指采掘生产过程中直接耗用的添加剂、催化剂、引发剂、助剂、触媒以及净化材料、包装物等。

燃料和动力，是指采掘生产过程中直接耗用的各种固体、液体、气体燃料，以及水、电、汽、风、氮气、氧气等动力。

直接人工，是指直接从事采矿生产人员的职工薪酬。

间接费用，是指为组织和管理厂（矿）采掘生产所发生的职工薪酬、劳动保护费、固定资产折旧、无形资产摊销、保险费、办公费、环保费用、化（检）验计量费、设计制图费、停工损失、洗车费、转输费、科研试验费、信息系统维护费等。

第二十八条 交通运输企业一般设置营运费用、运输工具固定费用与非营运期间的费用等成本项目。

营运费用，是指企业在货物或旅客运输、装卸、堆存过程中发生的营运费用，包括货物费、港口费、起降及停机费、中转费、过桥过路费、燃料和动力、航次租船费、安全救生费、护航费、装卸整理费、堆存费等。铁路运输企业的营运费用还包括线路等相关设施的维护费等。

运输工具固定费用，是指运输工具的固定费用和共同费用等，包括检验检疫费、车船税、劳动保护费、固定资产折旧、租赁费、备件配件、保险费、驾驶及相关操作人员薪酬及其伙食费等。

非营运期间费用，是指受不可抗力制约或行业惯例等原因暂停营运期间发生的有关费用等。

第二十九条 信息传输企业一般设置直接人工、固定资产折旧、无形资产摊销、低值易耗品摊销、业务费、电路及网元租赁费等成本项目。

直接人工，是指直接从事信息传输服务的人员的职工薪酬。

业务费，是指支付通信生产的各种业务费用，包括频率占用费、卫星测控费、安全保卫费、码号资源费、设备耗用的外购电力费、自有电源设备耗用的燃料和润料费等。

电路及网元租赁费，是指支付给其他信息传输企业的电路及网元等传输系统和设备的租赁费等。

第三十条 软件及信息技术服务企业一般设置直接人工、外购软件与服务费、场地租赁费、固定资产折旧、无形资产摊销、差旅费、培训费、转包成本、水电费、办公费等成本项目。

直接人工，是指直接从事软件及信息技术服务的人员的职工薪酬。

外购软件与服务费，是指企业为开发特定项目而必须从外部购进的辅助软件或服务所发生的费用。

场地租赁费，是指企业为开发软件或提供信息技术服务租赁场地支付的费用等。

转包成本，是指企业将有关项目部分分包给其他单位支付的费用。

第三十一条 文化企业一般设置开发成本和制作成本等成本项目。

开发成本，是指从选题策划开始到正式生产制作所经历的一系列过程，包括信息收集、策划、市场调研、选题论证、立项等阶段所发生的信息搜集费、调研交通费、通信费、组稿费、专题会议费、参与开发的职工薪酬等。

制作成本，是指产品内容制作成本和物质形态的制作成本，包括稿费、审稿费、校对费、录入费、编辑加工费、直接材料费、印刷费、固定资产折旧、参与制作的职工薪酬等。电影企业的制作成本，是指企业在影片制片、译制、洗印等生产过程所发生的各项费用，包括剧本费、演职员的薪酬、胶片及磁片磁带费、化妆费、道具费、布景费、场租费、剪接费、洗印费等。

第三十二条 除本制度已明确规定的以外，其他行业企业应当比照以上类似行业的企业确定成本项目。

第三十三条 企业应当按照第二十一条至第三十二条规定确定产品成本核算项目，进行产品成本核算。企业内部管理有相关要求的，还可以按照现代企业多维度、多层次的成本管理要求，利用现代信息技术对有关成本项目进行组合，输出有关成本信息。

第四章 产品成本归集、分配和结转

第三十四条 企业所发生的费用，能确定由某一成本核算对象负担的，应当按照所对应的产品成本项目类别，直接计入产品成本核算对象的生产成本；由几个成本核算对象共同负担的，应当选择合理的分配标准分配计入。

企业应当根据生产经营特点，以正常生产能力水平为基础，按照资源耗费方式确定合理的分配标准。

企业应当按照权责发生制的原则，根据产品的生产特点和管理要求结转成本。

第三十五条 制造企业发生的直接材料和直接人工，能够直接计入成本核算对象的，应当直接计入成本核算对象的生产成本，否则应当按照合理的分配标准分配计入。

制造企业外购燃料和动力的，应当根据实际耗用数量或者合理的分配标准对燃料和动力费用进行归集分配。生产部门直接用于生产的燃料和动力，直接计入生产成本；生产部门间接用于生产（如照明、取暖）的燃料和动力，计入制造费用。制造企业内部自行提供燃料和动力的，参照本条第三款进行处理。

制造企业辅助生产部门为生产部门提供劳务和产品而发生的费用，应当参照生产成本项目归集，并按照合理的分配标准分配计入各成本核算对象的生产成本。辅助生产部门之间互相提供的劳务、作业成本，应当采用合理的方法，进行交互分配。互相提供劳务、作业不多的，可以不进行交互分配，直接分配给辅助生产部门以外的受益单位。

第三十六条 制造企业发生的制造费用，应当按照合理的分配标准按月分配计入各成本核算对象的生产成本。企业可以采取的分配标准包括机器工时、人工工时、计划分配率等。

季节性生产企业在停工期间发生的制造费用，应当在开工期间进行合理分摊，连同开工期间发生的制造费用，一并计入产品的生产成本。

制造企业可以根据自身经营管理特点和条件，利用现代信息技术，采用作业成本法对不能直接归属于成本核算对象的成本进行归集和分配。

第三十七条 制造企业应当根据生产经营特点和联产品、副产品的工艺要求，选择系数分配法、实物量分配法、相对销售价格分配法等合理的方法分配联合生产成本。

第三十八条 制造企业发出的材料成本，可以根据实物流转方式、管理要求、实物性质等实际情况，采用先进先出法、加权平均法、个别计价法等方法计算。

第三十九条 制造企业应当根据产品的生产特点和管理要求，按成本计算期结转成本。制造企业可以选择原材料消耗量、约当产量法、定额比例法、原材料扣除法、完工百分比法等方法，恰当地确定完工产品和在产品的实际成本，并将完工入库产品的产品成本结转至库存产品科目；在产品数量、金额不重要或在产品期初期末数量变动不大的，可以不计算在产品成本。

制造企业产成品和在产品的成本核算，除季节性生产企业等以外，应当以月为成本计算期。

第四十条 农业企业应当比照制造企业对产品成本进行归集、分配和结转。

第四十一条 批发零售企业发生的进货成本、相关税金直接计入成本核算对象成本；发生的采购费，可以结合经营管理特点，按照合理的方法分配计入成本核算对象成本。采购费金额较小的，可以在发生时直接计入当期销售费用。

批发零售企业可以根据实物流转方式、管理要求、实物性质等实际情况，采用先进先出法、加权平均法、个别计价法、毛利率法等方法结转产品成本。

第四十二条 建筑企业发生的有关费用，由某一成本核算对象负担的，应当直接计入成本核算对象成本；由几个成本核算对象共同负担的，应当选择直接费用比例、定额比例和职工薪酬比例等合理的分配标准，分配计入成本核算对象成本。

建筑企业应当按照《企业会计准则第 15 号——建造合同》的规定结转产品成本。合同结果能够可靠估计的，应当采用完工百分比法确定和结转当期提供服务的成本；合同结果不能可靠估计的，应当直接结转已经发生的成本。

第四十三条 房地产企业发生的有关费用，由某一成本核算对象负担的，应当直接计入成本核算对象成本；由几个成本核算对象共同负担的，应当选择占地面积比例、预算造价比例、建筑面积比例等合理的分配标准，分配计入成本核算对象成本。

第四十四条 采矿企业应当比照制造企业对产品成本进行归集、分配和结转。

第四十五条 交通运输企业发生的营运费用，应当按照成本核算对象归集。

交通运输企业发生的运输工具固定费用，能确定由某一成本核算对象负担的，应当直接计入该成本核算对象的成本；由多个成本核算对象共同负担的，应当选择营运时间等符合经营特点的科学合理的分配标准分配计入各成本核算对象的成本。

交通运输企业发生的非营运期间费用，比照制造业季节性生产企业处理。

第四十六条 信息传输、软件及信息技术服务等企业，可以根据经营特点和条件，利用现代信息技术，采用作业成本法等对产品成本进行归集和分配。

第四十七条 文化企业发生的有关成本项目费用，由某一成本核算对象负担的，应当直接计入该成本核算对象成本；由几个成本核算对象共同负担的，应当选择人员比例、工时比例、材料耗用比例等合理的分配标准分配计入各成本核算对象成本。

第四十八条 企业不得以计划成本、标准成本、定额成本等代替实际成本。企业采用计划成本、标准成本、定额成本等类似成本进行直接材料日常核算的，期末应当将耗用直接材料的计划成本或定额成本等类似成本调整为实际成本。

第四十九条 除本制度已明确规定的以外，其他行业企业应当比照以上类似行业的企业对产品成本进行归集、分配和结转。

第五十条 企业应当按照第三十四条至第四十九条规定对产品成本进行归集、分配和结转。企业内部管理有相关要求的，还可以利用现代信息技术，在确定多维度、多层次成本核算对象的基础上，对有关费用进行归集、分配和结转。

第五章 附 则

第五十一条 小企业参照执行本制度。

第五十二条 本制度自 2014 年 1 月 1 日起施行。

第五十三条 执行本制度的企业不再执行《国营工业企业成本核算办法》。

附录三：相关企业产品成本核算调研报告

企业产品：成本核算和管理调研

——中国石油化工股份有限公司调研报告

中国石油化工股份有限公司（以下简称中石化），是上海、香港、纽约、伦敦四地上市公司，主要从事石油与天然气勘探开发和开采，以及石油炼制、石油化工、化纤、化肥的生产与产品销售，是中国最大的石油产品和主要石化产品生产商和供应商，第二大油气生产商。2012 年底，中石化总资产为 12473 亿元，营业收入 27860 亿元，净利润 664 亿元。由于石油开采是采掘业的典型业务，炼化是炼制加工行业的典型业务，同时这两种业务也是中石化股份的核心业务，我们的调研围绕着这两大业务板块展开，并选择了中石化所属的燕山石化和胜利油田进行了深入调研。

一、基本情况

（一）主要产品及生产特征

燕山石化的主营产品为成品油、燃料油、塑料、合纤、橡胶等。生产过程的主要特点为，炼化一体化生产，多步骤、连续化加工。

胜利油田的主要产品为原油、天然气、凝析油和液化气四种产品。由于开采对象是油气资源，因此产品具有隐蔽性、复杂性、动态性和耗竭性等特点，油田开发区块具有“油气产量逐年递减、开采成本逐步上升”的规律。

（二）企业产品成本制度建设

两家企业根据《中华人民共和国会计法》、《企业会计准则》、《企业财务通则》等有关法律法规，以及总部的《中国石油化工股份有限公司内部会计制度》、《中国石油化工股份有限公司成本核算与管理办法》等内部规定，结合企业生产经营特点，制定了本企业成本核算办法实施细则。

二、产品成本核算概况

（一）成本核算对象

燕山石化所属的炼油生产厂，属于多工序连续式复杂生产，在同一生产过程中用同一种主要原料生产多种炼油联产品，以炼油联产品作为成本核算对象；所属的化工生产厂，使用多种原料，产出多种产品，根据石油化工产品连续生产、顺序进行加工的特点，以每种产品及各生产步骤为成本核算对象，对各装置生产出的两种或两种以上联产品（包括分类产品）分别列为成本核算对象；副产品根据相关规定按可变现净值在成本中扣除。

胜利油田采用品种法，以原油、天然气等产品为核算对象。

（二）成本核算项目

燕山石化的炼油、化工产品成本项目包括生产过程中实际消耗的原材料、辅助材料、燃料及动力、直接职工薪酬和制造费用。

胜利油田油气生产成本按生产过程划分为油气提升成本、驱油物注入成本、井下作业成本、稠油热采成本、油气处理成本、轻烃回收成本、测井试井成本、输油输气成本、油区维护成本等成本科目，各类成本科目按照工作特点设置了材料、燃料油、电费、折旧费、折耗费、青苗赔偿费、运输费、化学药剂费以及作业施工单位的劳务费用等成本项目。此外，厂（矿）油气生产所发生的不能直接归集于以上生产过程成本的支出通过制造费用科目核算，项目包括材料、燃料油、电费、折旧费、修理费、青苗赔偿费、运输费等。

（三）成本核算流程

1. 燕山石化

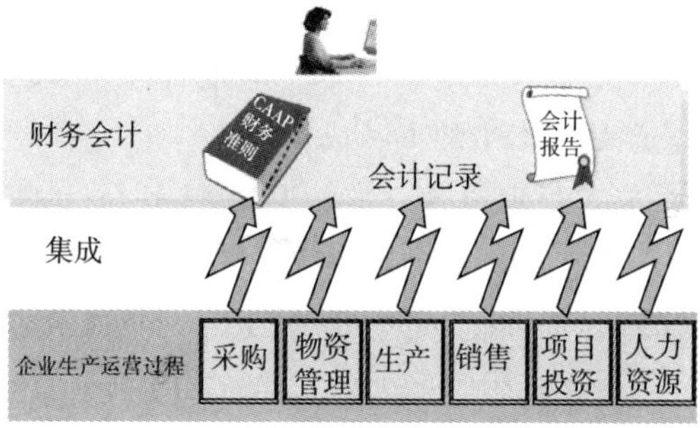

图附-1　ERP环境下的会计信息集成图

如图附-1所示，燕山石化包括成本信息在内的会计信息是通过ERP系统集成的。ERP系统由11个模块构成，其中，生产计划模块、物料管理模块、工厂维修模块、人力资源系统以及成本管理模块之间数据的流动和集成，生成了成本会计信息和成本管理信息。

（1）生产计划模块：功能包括销售计划管理、采购计划管理、生产计划管理、实际生产的管理等，该模块确定了成本核算对象，并反映了产品生产流程。

（2）物料管理模块：由物料主数据管理、计划管理、供应商管理、采购管理、库存管理、仓储管理、销售管理以及票据管理等功能组成，该模块生成了产品生产中的原材料消耗量信息。

（3）工厂维修模块：可用于生产设备、厂房、固定资产的维修保养及管理，它与成本管理、物资模块集成协作，共同完成设备的使用与运行记录、大中小维修的计划与实施、维修技工的工时确认、设备的维修成本控制等业务。

（4）人力资源模块：总体功能包括人事管理、组织管理、时间管理、薪酬管理、培训和商务事件管理、招聘管理、员工发展计划、人事成本计划、绩效管理、福利核算。该模块生成了产品成本中的人工成本信息。

（5）成本管理模块：该模块在财务会计的基础上对费用、成本、损益等进行细化核算和分析控制，向企业提供满足内部管理需要的报表信息，主要由一般费用成本核算、成本中心会计、利润中心会计、内部订单会计、生产成本核算和获利能力分析等功能组成。该模块在其他有关模块传送的成本数据基础上，根据生产订单自动归集、分配并集成输出成本信息。

2. 胜利油田

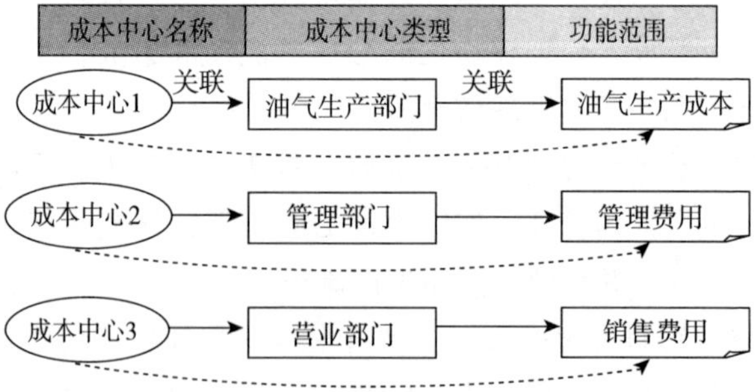

图附－2 成本中心功能范围图

如图附-2所示，成本中心是胜利油田最基本成本管控单位。胜利油田发生的所有费用先要归集到成本中心上。为满足内部管理及细化核算的要求，按照油田本部—二级单位—三级单位—四级单位四个层级设置成本中心标准架构。成本中心按生产过程分为不同的成本中心类型，一个成本中心对应一个成本中心类型，如油气生产部门对应着油气生产成本中心类型，辅助生产部门对应着辅助生产成本中心类型，管理部门对应着管理费用成本中心类型。成本要素归集到成本中心的同时，也实现了与生产经营过程相对应的成本项目或期间费用的归集。当一个成本中心发生费用时，财务人员通过成本费用类会计科目，如原材料及主要材料、工资、折旧等归集分配到成本中心上，系统就会根据功能范围与成本中心类型的对应关系自动核算，生成成本中心、成本核算对象、成本项目等多维信息，同时满足财务报告要求和内部管理要求。

三、产品成本管理概况

（一）成本管理流程

从总体上看，胜利油田的成本管理与燕山石化类似，都按照总部内控手册规定的程序和方法进行成本预算，但在控制、分析方面反映了油田企业的相关特点。

1. 预算编制

成本费用预算的编制按照“上下结合、分级编制、逐级汇总”的程序进行，包括：①股份公司向所属单位下达财务预算目标，确定财务预算编制的政策；②各单位编制本单位生产经营和成本费用等财务预算方案并上报股份公司；③股份公司对所属各单位上报的成本费用预算等方案进行审查、汇总和综合平衡；④股份公司在各单位修正调整和重新汇总的基础上，编制出总部成本费用等财务预算方案，按规定程序上报审议批准。

2. 执行与控制

燕山石化的执行与控制过程主要包括：①各预算执行单位将成本费用预算指标层层分解，落实到各部门、各环节和各岗位，形成全方位的成本费用预算执行责任体系；②以年度预算为指导，编制月度预算，据此将各项生产经营指标落实到责任单位和个人；③健全凭证记录，严格执行生产消耗、费用的定额定率标准，加强适时监控，对异常情况应及时查明原因，予以解决；④财务部门与采购、生产、计划、营销等部门加强沟通，充分发挥牵头和监控的作用，及时发现成本费用预算执行过程中的问题，督促有关部门自觉进行成本费用控制；⑤各单位建立成本预测制度，把成本费用管理的重点放到事前预测和过程控制上。

胜利油田在油气产品的生产阶段，按照年度付现操作成本计划、老井自然产量和措施产量目标，确定成本预算，通过开展措施效益评价和措施效果排队制度，优化措施方案，提高措施效益，控制井下作业成本；按照生产安排和成本定额进行生产的日常耗费和投入的控制，减缓自然递减和综合递减，提高老井单井产量，控制付现操作成本。

3. 分析

燕山石化在成本分析方面，按月进行成本费用预算指标完成情况和成本费用升降情况的分析，通过分析明确成本费用控制中存在的问题，寻求降低成本费用的措施。成本费用分析的对象是以报告期各项成本费用指标与预算成本、标准成本及基期的差异为主，对比基期主要是采用上月可比数据和上年同期可比数据。此外，企业还可以根据需要与国内外同行业先进成本费用水平、本单位历史最好水平对比分析。

胜利油田在成本分析方面的特点是，区分不同的成本项目、成本要素分别对成本进行分析；同时按责任中心、区块进行成本分析；进行产能建设分析、产量构成分析、不同地质属性分析等；油气资产折耗对成本影响的分析，如各矿区油气资产总值增减原因、折耗率的变化等。

4. 考核

把规定的成本费用控制指标作为经济责任制考核的主要内容，分期进行检查分析和考核。

股份公司所属各单位结合本单位实际情况推行目标成本、责任成本、质量成本等现代管理方法，以加强成本费用的全过程控制、全方位管理。通过考核分析，检查成本费用预算的完成情况，揭示成本费用升降的原因，定期对责任单位和个人进行考核、奖惩兑现。

（二）成本管理方法

根据中石化《内部控制手册》，燕山石化和胜利油田都结合自身生产经营实际情况制定了内部控制手册，明确本单位关键控制环节和风险点，明确责任部门和岗位，细化应对措施，实施规范管理，积极规避风险。

以胜利油田为例，在成本管控方法和措施上，一是以风险管理为导向，强化“54321”管理，完善成本预警机制，即：明确财务预算审批、计划投资决策、物资采购管理、货币资金支付和关联交易结算“五条主线”，搭建资金预算、ERP控制、内控审批和考核兑现“四道防火墙”，把握招投标、合同签订和结算付款“三个关键环节”，关注价格和质量“两个重要节点”，严把审计“一道关口”，基本形成了从源头把好预算、事中过程控制、事后考核分析的全过程管理；二是强化项目组管理运作模式，落实成本管理责任，通过成立作业管理、稠油热采、三次采油等项目组，切实抓住油田成本受控的关键点、风险点，强化材料成本分类核算和管理；三是强化经济活动分析，如推行月度超支汇报制度和重点问题分析制度，形成全员参与成本管理的良好氛围；四是加强财务稽查力度，以堵塞管理漏洞，化解潜在风险。

企业产品成本核算和管理调研

——中国电信集团公司调研报告

中国电信集团公司（简称中国电信）是我国特大型国有通信企业，连续多年入选“世界500强企业”，下属的中国电信股份公司在香港和纽约上市，中国通信服务股份有限公司在香港上市。截至2010年底，拥有固话用户1.8亿户、移动用户9052万户、宽带用户7688万户，总资产6551亿元、经营收入2194亿元、净利润153亿元。为充分掌握电信业典型和先进的成本核算和管理实践，我们到中国电信四川分公司进行了实地调研。

一、基本情况

（一）主要产品及特征

中国电信产品主要包括语音业务、互联网接入业务、增值业务、资源出租业务、综合信息应用服务等。

以上产品不具有实物形态，是以服务的形式提供给客户，主要特征一是同时性，电信产品生产消费不可分割，生产、交付与消费同时出现，并且客户与电信产品提供者的接触程度较低；二是全程全网；三是不可储存性；四是替代性，即客户为达到同一传递信息的目的，可进行产品替代，如为传递某一信息，可使用短信发送、固定电话、移动电话；五是普遍性。

（二）企业产品成本制度建设

中国电信按照《企业会计准则》进行会计核算，并据此制定了主要产品的成本核算办法，2006 年印发《中国电信作业成本核算办法（试行）》与《中国电信管理会计报告制度（试行）》，2012 年印发《中国电信管理会计成本核算办法》，实施效果良好。

二、产品成本核算概况

（一）成本核算对象

中国电信以产品类别为成本核算对象，即固网语音、移动语音、互联网接入、资源出租、互联网类信息服务、增值业务、IT 服务及应用等类别。

（二）成本核算项目

中国电信根据内部管理的需要，对成本费用进行了分类，分为：产品专项成本、营销费用、部门成本、人工成本、网络成本及综合支撑成本等六大类项目，分配到各产品成本核算对象中。值得关注的是，中国电信的“产品成本”范围比制造业企业更广，额外包含了营销费用、管理费用等部分期间费用。

（三）成本核算流程

中国电信产品成本核算采用作业成本法，对于能够直接归集到产品的，通过会计核算进行直接归集，对需要分摊的成本费用通过设置作业层、网元层进行归集和分摊。其中，网元是指构成电信网络的基本元素，如各类通信设备、管道、光纤等；作业是指组织内为了某一目的而进行的耗费资源的工作，作业成本核算的理论基础是产品消耗作业、作业消耗资源，所有的成本都能找出具体责任人，由责任人实施控制，如设备维护、管线维护等。

中国电信产品生产过程中不能直接归集到产品成本中的

间接成本或费用主要有以下几类：一是人工成本，如工资、福利、职工教育经费、工会经费、住房公积金等；二是部门成本，即各部门日常运转中所发生的各项成本费用，如办公用房的折旧、会议费等；三是网络成本，即电信网络运行所发生的各项成本费用，如网络设备修理费用、电费、网络设备折旧费等。各类成本基于作业成本核算原理按照不同的成本特性分别分摊到各产品。其中，人工成本和部门成本通过部门归集后，按照各个部门的职责和从事的相关工作分摊到各具体作业中。根据作业的服务对象，分配到各产品中；网络成本按照费用的实际消耗状况归集到网元中，根据各产品对网元的使用情况，将网络成本分配到各产品中。

三、产品成本管理概况

（一）成本管理流程

中国电信依据《企业内部控制基本规范》及其指引以及美国《萨班斯法案》等国内外资本市场对上市公司内部控制方面的监管要求，制定了《中国电信内部控制手册》，从全面预算着手，对企业产品进行全生命周期的风险管控：事前，进行市场分析、产品设计、成本和投资效益分析等支撑投资决策；事中，利用管理会计月报等进行产品成本、产品盈利性等分析，控制风险；事后，对资产减值、资产处置、未来投资决策进行评估。

（二）成本管理方法

中国电信采用作业成本核算系统进行产品成本核算，首先通过运营支撑系统（OSS）和管理支撑系统（MSS）收集业务数据和基础成本数据，通过数据接口进行数据集成，输入作业成本核算系统进行作业成本核算和管理。

具体而言，中国电信应用作业成本法进行产品成本管理包括五方面内容：一是成本管控，即从客户群角度进行成本管控、成本反应与分析，如内外部成本标杆、专项成本分析、有效支撑转型业务发展；二是过程控制，即使财务业务工作参与到市场经营流程中，做好事前预测、事中控制等工作，如客户报价支撑、新产品开发效益预测、套餐定价分析等；三是决策支撑，即针对企业经营中焦点问题进行深入分析，提供分析报告，如定期管理跨级报告、业务财务分析等；四是绩效管理，即逐步建立与聚焦客户和转型业务相匹配的配置绩效管理体系；五是资源配置，根据作业成本分析逐步建立聚焦客户和转型业务的资源配置体系。

企业产品成本核算管理调研

——中钢集团邢台机械轧辊有限公司调研报告

中钢集团邢台机械轧辊有限公司（以下简称中钢邢机）始建于1958年，是中国政府投资创建的国内第一家专业生产冶金轧辊和冶金成套设备的冶金机械及备件制造企业，是目前世界上产出规模最大（公司轧辊产品全球市场占有率12.5%，国内市场综合占有率40%以上）、品种规格最全、装备技术最优、综合实力最强的冶金轧辊研发与生产厂家。厂区占地1840余亩、面积123万平方米，企业资产总额45亿元，固定资产25亿元，年销售收入30亿元以上。为做好成本核算制度建设，充分了解制造装备业标杆企业的产品成本核算和管理的情况，我们对中钢邢机进行了实地深入调研。

一、基本情况

（一）主要产品及其特征

中钢邢机的核心产品为冶金轧辊和冶金成台（套）设备。产品工艺特点：（1）单件小批量按订单图纸生产；（2）生产周期长，工艺过程复杂，形态转换多；（3）材质主要为高合金铸钢、铸铁，材质品种多、组成成分复杂；（4）生产过程中需要大量各式成型模具或工具。

（二）生产流程

按照产品工艺流程可以划分为毛坯、锻造、机械加工三个阶段。其中，毛坯阶段包括冶炼、浇注、造型、精整、热处理等工序，产品多次发生形态转变，是整个生产流程中最为重要的生产阶段；锻造加工阶段包括加热、锻造、热处理等工序；机械加工阶段包括粗车、镗、磨、铣、精车等工序。

（三）产品成本会计体系设置

中钢邢机的成本核算体系包括两部分，满足外部财务报告需求的成本财务会计和满足内部成本管理需求的成本管理会计，这两种核算方法相互依存。例如，在深化信息化手段发展的过程中，利用单支单工序核算体系中物料、能源、工时等关键信息的准确采集、自动记录，完善以产品类别为对象成本核算方法的核算基础和分配依据，使成本核算信息更为准确，同时也为成本管理决策夯实了基础。

二、关于企业产品成本财务会计

中钢邢机的成本财务会计体现了传统的工业企业成本核算原则，建立了完整的产品成本核算框架，能够按照企业会计准则的规定清晰、系统地反映企业的产品成本信息，编制财务报告。

（一）成本核算对象

自20世纪90年代以来，中钢邢机根据主要产品的工艺特点，不断细化产品类别并以此作为成本核算对象，提高产品成本信息的准确性。

（二）成本核算方法

在以产品类别为成本核算对象的基础上，根据企业生产流程特点和实际情况，划分为毛坯、锻造、机械加工三个步骤（工序），采用逐步结转分步法进行成本核算，自制半成品成本随着产品实物在各工艺流程之间移动而顺序结转，最终得出完工产品成本。

（三）成本项目设置

根据各步骤的生产特点和实际生产过程中的成本消耗情况，按照不同成本项目的经济用途设置各步骤的成本项目，反映产品的成本构成。

（四）成本归集分配

在生产过程中发生的直接材料等成本费用，根据实际生产过程中获取的成本基础数据，准确、及时地计入相应产品成本中；不能直接归集到相关产品上的间接成本费用，则在不同的作业工序，按照相应的作业量进行分配。

三、关于企业产品成本管理会计

（一）产品成本管理会计的信息技术基础

中钢邢机为强化和细化成本核算和成本管控，大力开展信息化建设，建立了覆盖产品生产各环节的包括物料自动称重系统、实时数据采集平台、产品条形码系统、工具条形码系统等在内的全过程管理信息化平台（图附－3），从成本数据收集的及时性、准确性、自动化等方面，有效地提高了成本基础管理水平。在该平台基础上，将生产过程中产品的重要数据信息自动、实时地采集到系统中，汇总整理后再由系统输送到生产、质量、成本核算等管理程序，及时、准确、真实地记录与反映产品成本信息。例如实时数据采集平台，涵盖了电力自动抄表系统、煤气计量系统等多项内容，将单支（件）产品各工序的能源消耗等关键信息自动记录到系统中，核算产品各工序能源消耗成本。又如产品条形码系统，为每支（件）产品设立了独一无二的“身份证”（条形编码），以刷码来采集每支（件）产品在生产过程中每道工序的开始和结束时间、加工设备信息、操作人员和单位信息等相关信息，搭建产品生产流程龙骨构架，为各工序的成本结转奠定了基础。

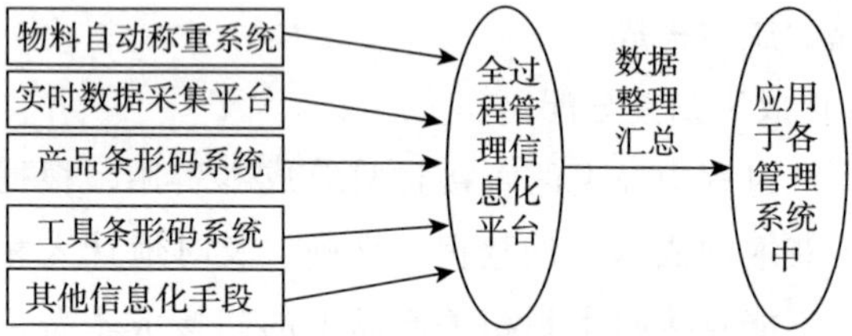

图附－3　中钢邢机全过程管理信息化平台

（二）产品成本管理会计的理念和特点

中钢邢机为满足企业各层次管理者对成本信息的多元化需求，在管理会计体系中像搭积木一样组合出多层次多维度的立体成本核算项目构架。其中，多维度是指以工步为基础，按照不同的管理需求，组合出不同的成本对象。多层次是指根据管理需求的着眼点不同，划分为公司、分厂、车间和班组四个成本管控层次。主要特点包括：

1. 将成本核算到最小的单元。工步是工序细分的最小单元（例如配料在生产线上的转移搬运），也是实际生产过程中成本消耗归集的最小单元，以工步为基础，可组合出多维度的制造成本，如工序维度、车间班组维度、设备维度、炉次维度、变动\固定维度等等。

2. 建立多维度多层次的立体成本项目构架，即在最小成本核算单元的基础上，按照各个维度组合生成相应的成本信息。例如，设备维度下，管理者可以获得某台设备在既定期间内发生的工作量、耗费的能源、对有关产品的贡献等信息；

在客户维度下，管理者可以获得某位或某类客户订制的产品的成本信息；在变动/固定维度下，管理者可以获得生产某支或某类产品所耗费的变动成本和固定成本，从而指导下一步决策。

（三）产品成本管理会计框架设计

按照管理者对成本信息的相应需求，划分为班组、分厂与车间、公司三个层次，形成了以班组为基础，以分厂与车间为纽带，以公司为龙头，承上启下，相互衔接，有序循环的链条，真正融入到生产的每个环节，责任明确，指标清晰，所有人都是成本控制中的一员，都是成本控制的责任者，通过上述三个层次的计划、分解、执行、反馈，真正地将成本控制和降本增效落到实处。

1. 公司层次

在公司层次上重点关注的是单支产品，按照产品制修号和辊号归集分配成本费用，关注点是每一支产品的成本消耗。通过对单支产品成本消耗的核算分析，了解公司产品的成本构成情况。公司层次的成本管控主要体现在以下四项工作中：

（1）成本预算。是成本管控的标杆指标，对于全年生产计划、生产安排、工艺改进等诸多方面都具有重要的指导意义，是成本管控中的核心部分。每年年末，依据企业各专业管理部门提供的预算用产量指标、质量指标、材料价格等专业预算，结合历史成本消耗水平，剔除非正常事项，调整相应成本指标，制定预算年度成本目标，编制详细的年度成本预算。

（2）资源耗用管控。合理安排生产计划，将材料、能源、设备、人工等资源的利用效率最大化，是成本管控的重要目标。

在生产效率计划方面，以“生产效率最高化、生产效益最大化”为原则，大力推进拉动式生产组织方式。严格按合同交货期倒排工序节点，实现了生产计划科学化、生产过程准时化、生产组织连续化。在资源利用方面，企业组织成立资源再利用工作小组，围绕废辊、料头、钢铁屑分类、废旧物料、闲置设备等资源的综合利用，狠抓生产配料管理，有计划、有重点地推进实施。

（3）成本考核。在制定了合理的成本预算和工艺计划之后，成本考核是提高各单位执行力度，督促各单位完成成本预算和工艺计划的有力保证措施。成本考核将各项成本完成情况与单位的收入挂钩，有奖有罚，充分地提高全员积极降本增效的主观能动性，鼓励员工通过创新、研发等各种手段降低成本，提高效益，为公司发展做贡献。

（4）定价决策。定价决策是企业重要的战略决策，涉及到营销策略、成本控制等诸多方面，如新产品定价、外包劳务定价、内部协作定价等等。产品成本信息为企业的各项定价决策提供了可靠的参考依据。例如，在外包劳务定价中，提供特定工序成本信息，为管理者决策是否自行进行加工提供了判断依据。在内部定价决策中，又为内部结算价格体系的构建提供了依据。

（5）成本分析。按照产品类别，从生产、销售、成本、存货的计划完成情况等四个方面进行对标和分析，为公司经营战略的制定等多方面管理需求提供数据基础。

2. 分厂与车间层次

在分厂层次上，重点关注的是在整个生产过程中相关生产阶段的成本消耗，包括各个工序（车间）的成本消耗，如毛坯阶段的熔炼、浇注、造型，锻造加工阶段的加热、锻造、热处理，机械加工阶段的粗车、镗、磨、精车等。通过对各道工序（车间）的成本消耗核算，分厂可以方便地获得分厂自身的成本消耗、分厂内各车间的成本消耗数据，为成本管控提供信息支持。在车间层次上，将班组作为车间维度上的成本项目，归集每个班组的成本情况，有助于提高车间成本管控水平。在实务中，分厂与车间作为产品实际生产和成本管控措施的执行单位，着眼于成本预算的执行、工艺计划进度和工艺成本的执行控制，通过对有关成本信息的事前测算、事中控制、事后反馈，切实做好分厂与车间层次的成本管控工作。

（1）事前测算。产品生产前，编制详细的工艺生产计划和工艺成本，与预算成本进行对比，将产品制造成本控制在预算水平之内，完成既定目标。例如在生产前对即将耗用的金属料进行成本预测，按照工艺配料比例、炉料结构对金属料成本进行预测及预算对标，对配料超标炉次实时优化，影响原因进行分析后，形成指令性电子配料单，通过自动称重系统执行。当配料成本超出标准成本时系统将自动提示预警，配料人员必须重新调整配料结构，确保金属料成本从产前开始低于标准成本，否则配料单将无法形成。

（2）事中控制。建立了熔炼过程标时标耗标准，在生产过程中以生产工时标准和能源耗费标准为红线，信息系统随着生产过程的递进实时显示各生产阶段的能源对标状况，工作人员据此进行作业控制。

（3）事后反馈。产品在分厂或车间的阶段性生产环节完工后，通过实际生产过程与工艺过程的对标分析，寻找工艺计划和实际生产存在的各种优势劣势，根据实际生产情况调整下批次工艺计划，为建立最优的生产规划模型提供数据参考。例如，每炉次结束后程序会自动生成本炉的各项成本对标数据，作业人员根据统计的数据对金属料、能源、辅助材料等的消耗情况进行分析，制定再生产的改进措施。

（4）成本分析。分厂层面的各单位按照“横向到边、纵向到底”的原则将预算指标分解落实到最小单元，建立多层次预算指标分解体系，落实管理责任，确保本单位预算指标的完成。

3. 班组层次

在班组层次上，重点关注的是每一个工序作业点。通过工序作业点的成本消耗统计记录，每一班组的工作人员都清楚班组每天的工作消耗了多少材料，发生了多少成本，将成本控制的责任明确到人，时时算账，日清日结。同时，班组层面的各单位应围绕可控成本要素，科学对标，系统降本，细化目标，层层分解，将责任落实到作业、岗位。

四、调研体会以及下一步工作

（一）工业企业作为产品成本核算制度的蓝本，就其标杆型企业进行实地深入调研，掌握行业内先进、丰富、有效的成本会计实践，对制度起草工作具有不言而喻的重要作用。

（二）随着我国市场经济体制的建立和健全，企业面临越来越激烈的市场竞争，对产品成本信息进而开展成本管控也提出了越来越高的要求，服务于不同目的、采用不同方法和包括不同范围所进行的成本计算的结果，就可能产生不同的成本概念和成本数字。在成本管理会计的大框架下，各种成本的涵义、外延和计量方法也有了较大的变化发展。我国成本管理会计起步较晚，一些企业在探索建立企业成本管理机制的过程中，提出了制定管理会计的规范性文件的要求，以便指导实务操作。

（三）调研和反馈意见的结果表明，信息化手段是满足现代企业对产品成本信息的精细化、及时性需求以及有效开展成本管理的重要基础。企业产品成本核算制度建设应当充分体现信息化发展趋势对成本核算方法提出的要求，引导广大企业利用信息化手段进一步规范、改进核算方式方法，提高成本会计信息的决策有用性。

（四）下一步，我们一方面拟根据调研情况进一步对企业产品成本核算制度征求意见稿进行修改完善，尽快形成定稿；另一方面，建议适时启动管理会计制度的研究工作。

企业产品成本核算和管理调研

——中国普天信息产业集团公司调查报告

中国普天信息产业集团公司（以下简称“普天”）前身为中国邮电工业总公司，是国内历史悠久的通信设备制造企业，也是国内领先的信息通信设备制造和服务提供商，有5家子公司分别在香港、上海、深圳等地上市。产业布局主要分为通信、广电、行业电子、金融电子和新能源产业六大领域，主要产品为通信、广电、行业电子、金融电子和新能源产业方面产品。截至2010年底，拥有总资产236亿元，经营收入266亿元，净利润3亿元。我们以其所属的高新技术企业特别是软件企业为重点，选择了杭州东方通信软件技术有限公司（简称东信软件）进行实地调研。

一、基本情况

（一）主要产品及特征

东信软件的主要产品为IP综合网管系统等软件以及服务。

软件产品不同于一般有形产品，不仅具备现代高新技术产业高投入、高产出、高风险以及技术密集、知识密集、资本密集等一般特征，此外还具有一些独有特点，如产品的无形性、创新性。软件企业成本费用特点如下：

1. 软件的开发费用支出一般比较大，开发周期长，费用支出具有较高的风险性。

2. 费用支出的未来经济效益具有不确定性。主要体现在两个方面：一是系统开发存在成功与失败的可能性，支出的费用能否取得预定成果这是事先无法确定的；二是即使系统能开发成功，但在未来能创造多少经济效益，事先难以确定。

3. 费用支出具有资本性支出性质。软件成本费用主要发生在开发期，但研究成果一般在以后各期发挥作用，与以后各期的收益有关。无论开发成败，都具有资本性支出的特点。

4. 实际工作中研发费用的核算采用简化处理。由于行业风险特性，实际工作中，对资本化难以找到合理、客观的划分标准，因此从稳健性及可比性考虑，研发费用是采用费用化核算。同时财务人员花费大量时间进行较为主观的资本化核算也不符合经济效益原则。

（二）企业产品成本制度建设

东信软件根据企业会计准则，结合自身经营特点，制定了财务报销制度和资产管理制度，进一步夯实了规范产品成本核算和管理的基础。

二、产品成本核算概况

（一）成本核算对象

以客户订制的特定软件项目或服务为成本核算对象。

（二）成本核算项目

软件企业成本费用可划分为硬件成本、软件成本、使用及维护成本、培训费用和准备费用5个项目。

1. 硬件成本。计算机硬件主要是指计算机完成其功能所借助的一系列部件和设备，主要包括采集设备、处理设备、存储设备和输出设备。硬件成本是指上述设备的一次购置费或租赁费，由设备价款、支付的运杂费、包装费、安装调试费等组成。

2. 软件成本。软件成本是指企业开发软件系统所需软件成本总和，包括系统软件成本和应用软件成本。软件成本由软件价款、邮费、税金等组成。

3. 系统使用和维护成本。系统使用及维护成本是指使系统得以正常进行的日常开支，包括系统操作运行人员及管理人员工资、系统每项具体应用所耗用的辅助材料费用（如打印纸、色带、软盘、磁带等）和电费等，包括维护人员的工资、维护所用的工具费用和材料费用。

4. 人才培训费用。人才培训费用是指对系统分析人员、设计人员、程序人员、使用与维护人员和管理人员等的培训费用，包括上述人员在培训期间的工资及支付给培训单位的培训费。

5. 准备费用。为使系统开发、设计和使用得以正常进行而发生的准备费用。包括机房建设或改造费用、机器（非硬件设备中的机器）安装及调试费用和空调、电源及 UPS 设备等的费用。

（三）成本核算流程

东信软件的成本费用构成是制造成本低、期间费用高（原因是研发费用和销售费用高），这是一般高新技术企业的普遍特点。因此，成本核算和管理的重心通常转移到研发环节和技术服务环节。其产品成本在相当大的程度上是由设计所决定的。

东信软件的成本核算流程较为简单，以特定软件开发项目为成本核算对象，按照以上成本项目及时归集即可。其中，较为重要的项目是研发费用，东信软件的研发费用根据相关要求，按照研发项目单独建账核算。由于研发费用难以区分是为哪个产品而发生的，因此一般不按单个产品进行成本归集和核算。

三、产品成本管理概况

（一）成本管理的流程

软件公司的全过程成本管理模式，包括经营决策阶段、需求整理及分析确认阶段、规划阶段、开发阶段、需求变更阶段和测试阶段。

1. 经营决策阶段。经营决策阶段成本是指公司经营方向的选择，这是成本管理的最为核心的环节。该阶段的成本控制，关键在于经营决策前科学而深入的市场调研及准确分析。

2. 需求整理及分析确认阶段。需求整理指市场经营人员根据高管对于市场方向的决策而提出的具体的产品或者项目的原始需求，需求分析是指技术人员对市场部门的需求进行分析，评估其可实现性以及实现难度、大致工时等，提交相关需求分析报告，最后市场经营部门进行确认。该阶段的成本控制，必须清晰确定并严格执行市场和技术沟通的流程，尤其是要明确每个环节的控制点，即确认双方交付给对方的关键交付物，同时通过线上或者线下的管理模式，将所有沟通环节全盘把握，并纳入进度管理。

3. 规划阶段。规划阶段是指在需求已经得到确认后，进入技术规划阶段的相关成本控制。该阶段的成本控制，在于对需求具体细节的整理，对交付物有清晰的确定，技术部门还要对于控制点的一些要素进行详细的规划，并提交给市场部门，如详细页面元素、页面元素价值度分析、表现形式、页面结构、页面效果等。

4. 开发阶段。开发阶段面临的是需求确定并且规划清晰后的具体开发过程的成本管理问题。该阶段的成本控制，关键在于通过内部的管理系统，促使人力资源得到最大利用和发挥。

5. 需求变更阶段。需求变更指在开发过程中市场部门的需求改变，需求变更可能导致成本增加。该阶段的成本控制，关键在于从需求变更的开始，对于整个变更的每个具体步骤进行跟踪，并且严格核算每次变更所需要的工作时间，做好评估。同时，必须要明晰需求变更的必要性和风险性以及所带来的实际成本的增加。

6. 测试阶段。测试是指项目开发完成后，在交付验收前进行的测试。该阶段的成本控制，关键在于对测试进行错误管理模式，尽量在项目开发之前就整理出之前开发中出现过的所有问题，让所有开发人员进行错误共享，尽量把测试中可能出现的问题消灭在开发阶段，同时把测试过程化、即时化，纳入绩效考核，杜绝再犯。

（二）成本管理方法

1. 通过加强文档建设、进行价值工程分析、优化设计结构和加工工艺，加强研究开发管理，尽可能使产品成本结构合理并减少因修改设计而导致的损失。

2. 建立内部信息通道，加快信息传递速度，加强部门之间的横向联系，提高对顾客需求的回应能力。

3. 建立激励机制，积极开展合理化建议活动，不断挖掘改善管理、降低费用的潜力。

四、存在问题及有关建议

（一）存在问题

研发费用的范畴。从企业实际经营的角度理解，研发活动的范畴较为宽泛，但高新技术企业及税收优惠政策等又各有规定，企业需要实时理顺内部管理及账务处理。

（二）有关建议

1. 各行业产品特征及工艺流程不同，建议根据企业会计准则的规定，设立基本要求即可，宜粗不宜细。

2. 理顺关于软件行业的财政补助政策、税收规定与软件产品成本核算之间的关系。

企业产品成本核算和管理调研

——中国远洋运输（集团）总公司所属某航运公司调查报告

一、基本情况

（一）主要产品及特征

中国远洋运输（集团）总公司所属某航运公司的主要产品包括国际、国内海上集装箱运输，接受订舱，船舶租赁，国内沿海货物运输及船舶代理，仓储、代运、多式联运和门到门运输业务。其中，海上集装箱运输的主要经营方式为班轮运输，船舶定线定港定时在世界各地港口挂靠并提供货物运输及装卸服务，每年将几百万个集装箱货物由一个地点运送到另外一个城市，交付给收货人。

集装箱空箱自堆场被提箱后拖运到货物仓库，将货物装箱、报关加封、重箱运送到指定场站，组织船舶运输，重箱由起运港装船、海上航行、目的港卸船、进入场站，清关提箱、拖运至货物仓库、拆箱卸货和货物入库，集装箱空箱返回堆场，即实现了完整的一个服务，这个服务就是货物集装箱运输所经营的产品。货物集装箱运输的产品依据运输条款的不同，如：CY/CY、Door/Door、CY/Door 和 Door/CY 等，分为不同的产品。

（二）企业产品成本制度建设

该航运公司遵循《中华人民共和国会计法》、《企业会计准则》、国家有关财经法规，以及内部会计制度、成本费用管理规程进行成本核算与管理。

二、产品成本核算概况

（一）成本核算对象

集装箱运输与其他船舶运输一样，以航次为核算对象进行成本信息统计和核算。航次可以理解为，船舶由起点港口出发至目的地港口的一次行程。在一个航次的生产过程中，运输的是船上装载的箱子，完成将船舶一个航次中所承运的所有箱子从起运到交付的过程就是集装箱运输公司完成的一个完整的生产过程。因此，该航运公司根据航次归集有关成本费用。与船舶一个航次承运的箱子直接相关的收入和箱子的运输成本、船舶在航行中消耗的燃油费、船舶在航次运营中挂靠码头的所有费用以及船舶及箱子的设备配备及维护成本，构成了一个航次的完整的收入和生产成本。也就是说，对于远洋运输业务，以班轮的航次作为成本核算对象。

（二）成本核算项目

远洋运输成本项目包括：（1）航次运行费用，如中转费、货物费、客运费、港费等；（2）船舶固定费用，如船员薪酬、备件配件、折旧费等；（3）集装箱固定费用，如折旧费、修理费、保险费等；（4）集装箱空箱调运费用。

（三）成本核算流程

根据图附-4，从订舱到返还空箱是一个完整的业务流程，也是成本核算对象的生产经营全过程。在此过程中，每一个环节发生的工作量（如在货物运输环节使用了多少次引水、加油，在到港交货环节使用了多少条入港拖轮）在业务信息系统内都自动匹配费率（如各国港口码头的引水费率、油价、拖轮费率），生成如耗费资源金额等应用于成本收支核算以及财务管理的各类信息，并通过数据库处理接口自动

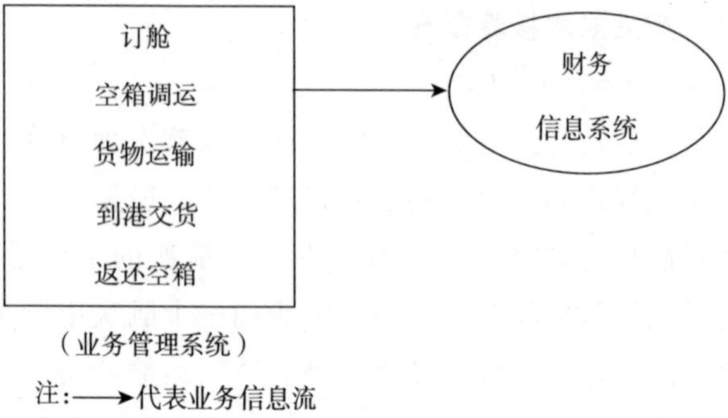

图附 -4　成本核算流程图

流入财务信息系统，财务信息系统的接口模块进行自动逻辑判断、梳理、匹配等工作后生成与之相对应的财务凭证信息，并进行收支核算，如运输主要产品的提单数据、提单的运费信息数据、船舶靠港发生的港口使用费数据等。此外，对于与航次运行有关的其他固定性辅助费用（如船员调度费、船舶日常保养费等），在会计期末按照一定规则进行分摊。

三、产品成本管理概况

（一）成本管理的流程

该航运公司对于生产经营的物流和信息流方面主要使用业务信息系统进行，无论是船舶动态、提单的订舱、承运信息还是运费和使用费的计算结算处理都通过业务信息系统进行统一收集，数据的录入是在业务信息系统分布全球各个网点的代理端完成，总部也存在一部分，全部生产经营数据和信息都集成在业务信息系统服务器中。

客户通过在网络系统中提交订舱提单以后，业务信息系统的支持模块将自动对该业务的运输路径、舱位分配、船期、费率进行分析确定，同时向各部门或单位（如船公司）发出工作单指令，指定该提单在运输全过程有关部门或单位的工作量以及耗费资源，相关业务完成后，有关部门或单位开出票据，由单证制作和审核团队与工作单核对无误后确认支出。产品成本全过程管控通过业务信息系统实现了固化。

同时，该航运公司还建设经济效益分析系统对财务管理和财务状况进行数据仓库模式的财务分析管理，生成多视角多维度的各类财务管理和分析报表。

（二）成本管理方法

坚持统一领导和分级、归口管理相结合的原则，以财务会计部门为枢纽，使财务会计部门与营销、生产调度、劳动人事、物资供应、船舶技术、安全监督、通信导航、行政管理等部门的成本费用指标日常管理相结合，做到成本费用在哪里发生就由哪里负责控制。并将成本费用控制的重点放在可控成本和关键性差异上。

分解下达的成本费用指标是控制成本费用的依据。组成成本费用指标的具体内容包括：运输生产量、作业定额、作业时间、技术定额、消耗定额、工时定额、费用预算等，是成本费用控制的具体依据和风险点。

通过增加运输生产量和提高作业定额、缩短作业时间、执行技术定额、提高工时利用率、降低消耗和费用，把成本费用的管理融入营运生产全过程；通过预算、预估、实际以及日常的分析监控等各个环节，指导责任部门核减不合理支出，严控成本费用。

企业产品成本核算和管理调研

——中国铁建股份有限公司调研报告

中国铁建股份有限公司（以下简称中国铁建），A+H股上市公司，是中国最大的工程承包商以及海外工程承包商。2010年底，总资产3501亿元，全年新签合同总额为7472亿元，营业收入4702亿元，净利润43亿元。近年来，在高原铁路、高速铁路、高速公路、桥梁、隧道和城市轨道交通工程设计及建设领域确立了行业领导地位。为了充分了解施工企业目前典型的责任成本管理的全流程以及先进做法，结合中国铁建"集团本部—局集团—工程公司—项目部"的管理架构，我们到中国铁建总部、中国铁建所属的十二局以及十二局下属的四公司和十六项目部进行了深入调研。

一、基本情况

（一）主要产品及特征

目前，中国铁建十二局集团的主要产品包括铁路、公路、市政、城市轻轨、地铁、水利水电、房建等建筑工程。施工企业的生产经营活动以及产品具有以下特点：一是生产周期长，跨年度项目多；二是生产现场具有特定性，受地质、水文等自然条件的制约大，作业区抵御自然气候变化的能力差；三是产品具有多样性和单件性，几乎每一项工程都有特定的技术要求，标准化作业难度大；四是材料用量大，品种规格多，采购和库存管理难度大；五是涉及面广，干扰因素多，生产过程中需要地方政府、当地居民等多方面的配合；六是露天作业多，机械设备的损耗大，折旧成本高；七是资金用量大，结算滞后，资金成本高；八是由于建筑产品的固定性和投资大等原因，导致施工企业成本管理难度大，成本控制难度增大，稍有不慎极易造成巨额的项目亏损。

（二）企业产品成本制度建设

中国铁建自2004年开始探索推行责任成本管理，制定了《责任成本管理工作指导意见》、《责任成本分析制度》、《责任成本管理报表制度》、《责任成本检查评比办法》等，其所属各单位根据指导意见的要求，结合本单位实际情况，也制定了相应的规章制度和基本业务流程，为企业开展精益化管理、降本增效，提供了保障和依据。

二、产品成本核算概况

（一）成本核算对象

一般情况下，以所订立的单项合同为对象，分别确认和计量各单项合同的收入、费用和利润。但如果一项合同包括建造多项资产，应按照《企业会计准则第15号——建造合同》规定的合同分立原则确定成本核算对象；如果为建造一项或数项资产而签订的一组合同，按合同合并原则确定成本核算对象。

追加资产在设计、技术或功能上与原合同包括的一项或数项资产存在重大差异，作为单项合同进行确认和计量。

（二）成本核算项目

对于每一核算对象，区分直接人工费、直接材料费、机械使用费、其他直接费、间接费等项目进行明细核算。

（三）成本核算流程

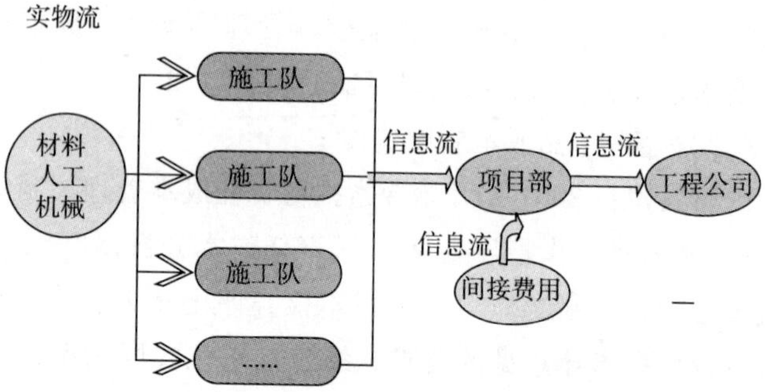

图附－5　中国铁建成本核算流程图

如图附－5所示，中国铁建实行工程公司、项目部、施工队三级成本核算。施工队（相当于工业企业的车间）根据项目部（相当于工业企业的工厂）下达的预算成本指标，结合施工生产过程的特点和经济责任制的要求，核算所承担的部分项目施工的直接费用，按时向项目部传递成本核算信息。项目部对于项目建设有关的间接费用进行归集分配，并汇总生成所承担项目施工实际成本。工程公司汇总核算全部合同项目的实际成本。以中国铁建十二局集团为例，其下属的四公司承接了某工程项目，该项目由四公司所属的十六项目部负责施工，十六项目部下又划分了责任中心（施工队）。成本核算流程如下：

十六项目部对施工过程中发生的各种耗费分两个维度进行核算：一是按照责任中心设立台账，在耗费发生时直接登记有关台账；二是在每个月月底，根据台账记录的数据，按照成本核算对象、成本项目以及费用的经济用途登记有关明细账，并根据完工进度向客户开出结算单以及结转成本。至此，成本信息在手工账中生成了，并由项目部财务人员录入财务系统，并自动生成证、账、表，通过网络实现向上级单位的传递。四公司在此基础上，对期间费用进行归集分配，同时生成全部项目成本核算对象的成本信息。

在实际操作中，对成本费用的归集除按独立的建造合同进行外，同时对建造合同中的单位工程（单个构造物）还编制了责任成本预算，进行了辅助登记，以便进行责任考核。

三、产品成本管理概况

（一）成本管理的流程

中国铁建在管理组织体系上分四层，股份公司、局集团为责任成本监管层、工程公司为责任成本控制层、项目部为责任成本执行层。因此，成本管理流程的重点在工程公司和项目部层面。

工程项目责任成本管理是以工程项目为依托，以可控成本为对象，以责任者为主体，以利益为驱动，以合同为载体，以奖罚为手段的横向到边、纵向到底的全员、全过程项目成本控制方法。工程项目从信息跟踪到最终竣工验交，根据项目进展历程和不同时期成本控制的重点，将其分为 4 个阶段，分别是标前阶段、开工前阶段、施工阶段、竣工收尾阶段。每个阶段有不同的管理重点环节，共计 22 个环节。

第一阶段：标前阶段

包括：项目选择、标前测算和报价策略等 3 个环节。

1. 项目选择

对工程项目坚持“五不揽”原则，即：不揽不符合企业发展战略规划的项目、不揽与管理能力及规模扩张不匹配的项目、不揽垫资或资金不到位的项目、不揽预期亏损的项目、不揽风险不受控的项目。

2. 标前测算

以企业成本内部定额为依据，合理预测项目施工期间工、料、机单价及变化趋势和各项风险，对工程成本进行预测，为招投标工作提供决策依据。

3. 投标策略

根据标前测算结果，结合企业发展战略、产业结构、资源储备等情况，合理确定投标报价。

第二阶段：开工前阶段

包括：工程量预控、方案预控、单价预控、责任预算编制和效益策划等5个环节。

1. 工程量预控

项目开工前做好施工图优化和工程数量复核工作，计算施工图工程数量并与投标数量进行比较，登记工程数量台账。

2. 方案预控

严格执行施工方案经济比选，在满足安全、质量、工期的前提下，选取成本最低的方案。明确对亏损的单项工程、对项目盈亏影响较大的单项工程、运用新工艺新材料的单项工程等必须进行方案比选。本着“谁优化、谁受益”的原则，将方案优化创造的效益与单位和个人利益挂钩。

3. 单价预控

坚决执行“两个上移”和“三项招标”。“两个上移”即采购和结算审批上移。“三项招标”，即劳务招标、材料采购招标和设备集中采购招标。通过上移和招标，严格控制工、料、机的单价。

4. 责任预算编制

编制工程项目责任预算是为了确定工程项目成本控制目标。责任预算编制要遵循可控性原则、一致性原则、动态管理原则和及时性原则。要在“四项锁定”的基础上进行编制：即锁定项目组织机构、锁定工程数量、锁定施工方案、锁定工料机单价。

5. 效益策划

在编制责任预算的基础上，及时实行效益策划。效益策划的基本做法就是落实“五交底”制度，即投标报价与合同交底、施组方案交底、管理体系交底、责任成本预算与变更索赔方向策划交底、责任成本核算与财务管理交底。从而明确创效目标和创效途径。

第三阶段：施工阶段

施工阶段的责任成本管理是项目责任成本管理的重点，包括：二次分解、临建成本控制、工程数量控制、劳务成本控制、材料消耗控制、机械成本控制、管理费用控制、变更索赔补差、成本核算与分析、考核兑现等10个环节。

1. 二次分解

二次分解是项目经理对项目部各部门和架子队、拌合站管理人员、技术人员和操作人员量化责任目标，签订责任书的过程。项目部应依据上级编制的责任预算进行二次分解，本着“负责什么，就控制什么”的原则合理划分责任中心，并与责任中心签订责任合同，明确双方责、权、利关系。逐级分解，直至项目生产管理的责任终端。

2. 临建成本控制

首先应对大型临时设施进行施工方案经济比选，在满足安全、质量、工期的前提下，选取成本最低的方案，建立大型临时设施工程审批制度、单独编制临时工程责任预算，及时结算。

3. 工程数量控制

工程数量实行逐级控制制度，建立工程公司、项目部及责任中心三级管理台账。实行“五量控制”，即投标工程数量、施工图工程数量、责任预算工程数量、二次分解工程数量和实际完成工程数量，并进行分析对比，保证工程数量受控。

4. 劳务成本控制

实行“工序分离、工费承包、机械租赁、限额发料”的劳务管理模式，严格执行“拨改贷”制度，全面核算劳务队成本。加强劳务计价管理，定期进行对上、对下计量与计价，建立劳务对上、对下计量与计价台账，单项工程完工后及时进行劳务结算，严格执行劳务结算审批制度，严控劳务成本。

5. 材料成本控制

严把计划、质量、定价、采购、验收入库、出库使用、限额领料、余料回收、材料消耗、盘点核算等关口，做到逐日登记、日清月结、账账相符、账实相符，严格控制材料的消耗。

6. 机械成本控制

机械设备采取“统筹安排、合理调配、自购租赁比选、单机单车核算”的管理方式，提高使用效率，降低使用维修成本。

7. 管理费用控制

管理费用实行预算控制制度，准确编制管理费用预算，按照“预算控制、经费包干、责任到人、节奖超罚”的原则，层层分解到各责任人。

8. 变更索赔补差

变更索赔补差要建立台账、明确责任，过程中注意资料收集和认证签字，并及时提交变更索赔补差报告等相关材料。

9. 成本核算与分析

建立健全以责任中心为核算主体的项目成本核算台账制度，定期对项目成本进行核算与分析，实行“六项分析”，即总体盈亏分析、资金状况分析、工程数量节超分析、材料消耗节超分析、机械台班节超分析、管理费节超分析。通过成本分析查找问题、分析原因、及时纠偏。

10. 考核兑现

在二次分解的基础上，根据成本分析的结果，按照“谁创效、谁受益”的原则对作业层进行奖罚兑现。

第四阶段：竣工收尾阶段

包括竣工决算、销户并账、余款清收和终期考评等4个环节。

1. 竣工决算

（1）概算清理及竣工决算。项目进入竣工收尾阶段后，项目部要组织专人进行概算清理和竣工决算，同时重点做好竣工阶段的迎接审计工作，争取项目效益的最大化。

（2）工程完工后，及时清理劳务、外租设备和各类货款，按合同进行结算，锁定工程成本，防止出现经济纠纷。

（3）竣工审计。项目竣工后上级单位要及时对项目进行内部竣工审计，科学评价项目管理成果，作为项目承包合同兑现的依据。

2. 销户并账

审计清算结束后，及时组织会计核算并账和银行账户销户工作，上交各项会计核算资料，除特殊原因保留银行账户外，银行账户应一律撤销，加大后期管理费用开支控制力度。

3. 余款清收

建立收尾项目清收责任制，项目经理和相关部门负责人为余款清收责任人，采取清收与项目承包合同兑现相挂钩的方式，加强尾款回收力度，尽快收回余款，加快效益变现。

4. 终期考核兑现

项目债权债务清理完毕，且档案资料全部移交公司，根据《责任合同》及相关规定及时对项目管理层进行终期考核兑现。

“四个阶段、二十二个环节”工程项目责任成本管理流程是以项目承揽为先导、以方案预控和成本预控为龙头、以责任预算为基础、以责任目标分解为手段、以工程数量和工、料、机等直接成本控制为抓手、以成本核算和成本分析为主线、以考核兑现为推手，闭合有效的管理流程，对控制项目成本支出，提高项目收益水平有明显的促进作用。

（二）成本管理方法

为结合企业生产经营特点加强成本管理，同时按照有关规定做好成本核算，企业采取了双轨制成本核算和管理模式，即一方面采用台账方式，动态地对成本费用进行控制；另一方面按照企业会计准则对成本费用进行归集分配，使两种成本信息相互监督、互为补充。

1. 责任成本对象的确定

为有效加强产品成本管理与控制，提高全员成本管理责任意识，第一，对合同总成本根据可控性原则进行责任分解；第二，根据实际情况和责权利相结合的原则，在工程公司设立一级责任成本中心，按组织结构在各职能部门和项目经理部设立二级责任成本中心或费用中心，再按施工流程在有关作业队建立三级责任成本中心，通过多层次分解，把总预算分解到各责任成本中心；第三，在“工程施工”科目下，增加了“各责任中心”辅助账户，用于专门反映各责任中心的成本控制指标，使各项成本费用支出既反映经济用途，也体现经济责任，实现财务会计与责任会计的有效结合。

值得注意的是，可控成本与责任成本中心紧密相联系，是针对特定的责任中心而言的。例如，材料的价格差异对采购部门来说是可控的，对耗用材料的作业队来说是不可控的。

2. 建立责任成本体系

(1) 建立全员参与的责任成本体系。在工程项目开工后，项目责任成本总预算应尽快编制出来，由工程公司正式下达，工程项目部将公司下达的责任成本总预算进行二次分解，分解到各责任中心。二级责任成本中心还可以根据责任成本预算再进行分解，形成到三级、四级责任成本中心，从而构成整个企业的责任成本核算系统。通过层层分解，将预算总指标细化落实到各责任人身上，形成千斤重担人人挑，人人肩上有指标的格局。

(2) 建立完善责任成本制度体系。工程项目部应制定和完善责任中心制度，界定责任范围，仲裁责任中心争议以及违规处罚等。

3. 责任成本管理的程序及内容

（1）程序。

①核定已完工程数量，盘点现场材料库存量；②确定核算期责任中心预算收入；③责任中心按照预算口径归集实际成本；④责任中心登记更新核算台账；⑤责任中心将预算成本（数量）与实际成本（数量）比较分析，核算节超情况；⑥成本经理收集各责任中心台账，与财务中心会计核算成本进行对比，调整差异，汇总核算整个工程项目经理部的责任成本预算执行情况。

（2）内容。责任成本核算按作业队、项目经理部和工程公司三个层级进行。作业队核算本责任中心人工费、材料费和机械使用费在数量上的预算执行差异；项目经理部核算预算与实际发生的成本费用的差异，包括数量和单价差异项目主要经济指标的完成情况；工程公司核算公司层面主要经济指标的预算完成情况，如毛利率、物资设备劳务招标降低率、方案优化率、变更理赔率以及变更理赔收益率等。

企业产品成本核算和管理调研

——中国机械工业集团公司调研报告

中国机械工业集团公司（以下简称国机集团），是我国最大的农业机械、林业机械、地质装备制造企业，以及最重要的工程机械制造企业之一。截至2010年末，国机集团总资产1314亿元，营业收入达到1522亿元，净利润51亿元。由于机械装备研发与制造是工业制造业的典型业务，也是国机集团的业务核心，我们围绕该业务板块，选择了国机集团所属的苏美达、常林股份（A股上市公司）、林海股份（A股上市公司）进行了深入调研。

一、基本情况

（一）主要产品及特征

常林股份的主营产品分为两类，一是工程机械的整机产品，二是结构件部件产品（用于为国际品牌产品配套）。产品的主要特点：（1）产品金额相对较大；（2）有标准工艺流程；（3）生产周期短（约两周）；（4）主要通过外购或外协零部件组装产品；（5）产品成本结构中，直接材料比重较大（约占80%）。

林海股份的主要产品为各种型号的摩托车和发动机。产品的主要特点是，除少数关键零件精加工，主要以外购零件组装产品为主，生产流程相对简单，生产周期较短，材料比重约占95%。

苏美达生产制造的主要产品为园林工具。产品的主要特点是单价低、批量大、品种繁多，生产周期较短。

（二）企业产品成本制度建设

根据《企业会计准则》，结合集团主要业务特点，公司制定了《国机集团核算办法》，分别就业务板块制定了核算办法，产品成本核算是其中的重要组成部分。

二、产品成本核算概况

（一）成本核算对象

常林股份和林海股份都采用品种法进行成本核算，苏美达采用分批法进行成本核算。

（二）成本核算项目

常林股份、林海股份和苏美达的成本核算项目基本一致，主要包括原材料、燃料动力、直接人工、折旧、无形资产摊销等。

（三）成本核算流程

在调研的三家企业中，常林股份的生产流程较具代表性，我们着重对其进行了考察。

企业根据作业计划，向采购部门发送原材料采购计划，采购部门根据有关材料库存量和作业计划中的物料需求购进材料；生产车间 1 进行生产领料，制成半成品后转入生产车间 2 继续加工，如此经过 8 个车间转入转出后生产出成品。仓库 3 为虚拟仓库，各个车间所有实物均严格按作业计划从上一道工序流转到下一道工序。有关程序操作情况如下：

1. 成本归集

（1）购进材料：采购时按实际价计量，月末分仓库计算计划价与实际价的差异，确认材料成本差异。

（2）生产领料：月末根据仓库的领料汇总、当月的材料差异率，计算领用材料的材料差异，并进行出库的会计处理。

为便于数据的核对以及在产品的计价、管理，各车间在产品不计算材料差异，但公司层面的在产品包括了材料价格变动的差异，所以生产成本中的材料差异不进行部门辅助核算。

（3）生产入库：仓库3为虚拟仓库，各种半成品的计划价均根据特定半成品的零件构成明细及单台耗用量，按直接原材料（或零件）的计划价，计算出特定半成品的计划价。所有实物均严格按作业计划从上一道工序流转到下一道工序，同时需办理好仓库3的完工入库及生产领用手续，虚拟仓库3月末无库存。月末根据仓库3的出入库汇总进行会计处理。

（4）发生的各种机物料消耗按照工序（车间）在制造费用中进行归集。

（5）发生的水、电、气消耗按照工序（车间）在制造费用中进行归集。

（6）人工成本的计提，公司无专门只生产一种产品的工人，均为间接费用，按车间、部门进行归集。

（7）折旧按照工序（车间）在制造费用中进行归集。

（8）其他间接费用的发生也是按车间分别进行核算。

（9）限于公司自有的设备无法满足所有工序的生产，需要将某一生产工序由其他厂商代为加工，公司拥有加工前后该零部件的所有权，加工方仅收取加工费。由于该类业务都是直接与特定的产品相关，在业务发生的当时记入产品成本，可视需要与否来决定是否增加部门核算。

（10）其他类似的与特定产品直接相关的费用也直接列入该产品的生产成本。

2. 成本分配及结转

（1）完成各车间间接费用的汇总。

（2）根据相关职能部门提供的各车间当月作业量（如工时、重量等），在车间内部进行不同产品的费用分配。

（3）根据当月完工的产成品数量，对该产品发生的间接费用总和、直接费用总和（如生产成本中的加工费等）简单算术平均，计算当月完工产品成本需承担的单台费用。

（4）根据特定产品的零件构成明细及单台耗用量，按直接材料（或零件）的计划价，计算出特定产品的单台材料定额。再按当月各仓库的材料成本差异率修正当月的单台材料定额，将完工产品的材料费从计划价修正到实际价。

（5）当月完工产品成本的计算：将上述（3）与（4）两者合并，为当月完工产品单台成本。按当月的产量，将完工产品成本从生产成本中转出。

三、产品成本管理概况

（一）成本管理的流程

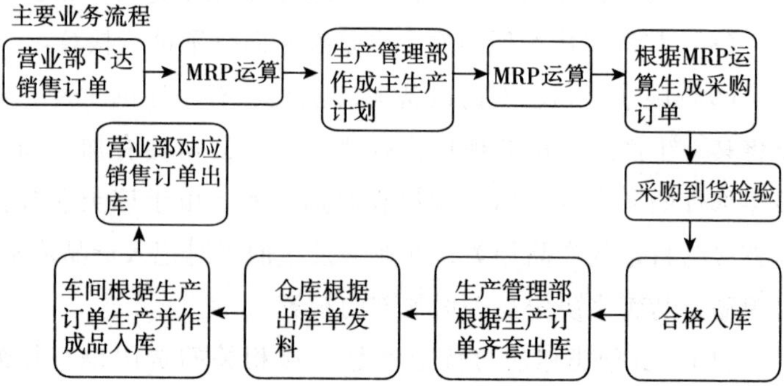

图附－6　林海股份成本管理流程图

以林海股份为例，成本管理流程如图附－6所示，主要包括以下步骤：①生产管理部门能根据营业部订单进行MRP运算生成每日生产计划及物料需求；②购买部根据MRP计划自动生成采购订单并发送给厂家；③到货后检验并在系统中录入检验单；④仓库管理员根据合格检验单在系统中办理入库；⑤由生产管理部安排生产，齐套发料出库；⑥仓库备料发料到车间进行生产作业，成品完工后入库；⑦营业部完成销售出库。

林海股份在财务与仓储管理工作中应用了用友软件公司的ERP－U8财务会计与供应链两个管理模块。财务会计管理模块能够及时地反映资金的流入流出与资金库存构成状态，收集归类企业日常工作中发生的各项费用，及时反映企业经营状况，为领导经营决策提供参考信息。供应链模块能够反映和控制从零部件购入到装配成产成品的过程，模块动态地贯穿于零部件采购、检验后合格品入库、按料单定额发料，到产成品检验合格入库，对产品成本核算与管理发挥了很大的作用。

（二）成本管理方法

以林海股份（常林股份、苏美达与其类似）为例，由于经营方式为以销定产，实践中行之有效的产品成本管理方法包括：①营业部业务员作成销售订单，营业部主管审核，生产部主管终审；②生产管理业务员执行MRP计划，产生生产订单，自动生成和运行生产订单并进行审核；③生产管理业务员执行MRP计划，产生每日物料需求，并通过MRP计划维护调整既定两家厂家的物料数量（AB角）（第一厂家、第二厂家物料使用比例由成本管理、制造工艺、购买部、技术质量部共同通过价格审计研究决定)；④采购业务员根据MRP需求计划生成采购订单，并发给配套厂家；⑤采购部品到货后由采购业务员根据订单生成采购到货单，并报检生成来料报检单；⑥质量部检验员参照报检单作成来料检验单；⑦仓库保管员根据合格检验结果生成采购入库单，完成部品入库；⑧采购业务员根据采购入库单生成采购专用发票，财务部业务员审核结算生成凭证；⑨由生产管理部书面安排车间生产，并在系统中发料出库；⑩仓库备料发料到车间进行生产作业，成品完工后入车间库（需检验的产成品由检验员检验合格后入库)，并调拨到营业部成品整车库；营业部业务员根据销售订单制作发货单，营业部成品整车库管理员根据发货单制作销售出库单，业务员开具销售发票。

附录四：与产品成本相关的法律法规、部门规章和规范性文件

中华人民共和国会计法

（1985年1月21日第六届全国人民代表大会常务委员会第九次会议通过 根据1993年12月29日第八届全国人民代表大会常务委员会第五次会议《关于修改〈中华人民共和国会计法〉的决定》修 1999年10月31日第九届全国人民代表大会常务委员会第十二次会议修订）

第一章 总 则

第一条 为了规范会计行为，保证会计资料真实、完整，加强经济管理和财务管理，提高经济效益，维护社会主义市场经济秩序，制定本法。

第二条 国家机关、社会团体、公司、企业、事业单位和其他组织（以下统称单位）必须依照本法办理会计事务。

第三条 各单位必须依法设置会计账簿，并保证其真实、完整。

第四条 单位负责人对本单位的会计工作和会计资料的真实性、完整性负责。

第五条 会计机构、会计人员依照本法规定进行会计核算，实行会计监督。

任何单位或者个人不得以任何方式授意、指使、强令会计机构、会计人员伪造、变造会计凭证、会计账簿和其他会计资料，提供虚假财务会计报告。

任何单位或者个人不得对依法履行职责、抵制违反本法规定行为的会计人员实行打击报复。

第六条 对认真执行本法，忠于职守，坚持原则，做出显著成绩的会计人员，给予精神的或者物质的奖励。

第七条 国务院财政部门主管全国的会计工作。

县级以上地方各级人民政府财政部门管理本行政区域内的会计工作。

第八条 国家实行统一的会计制度。国家统一的会计制度由国务院财政部门根据本法制定并公布。

国务院有关部门可以依照本法和国家统一的会计制度制定对会计核算和会计监督有特殊要求的行业实施国家统一的会计制度的具体办法或者补充规定，报国务院财政部门审核批准。

中国人民解放军总后勤部可以依照本法和国家统一的会计制度制定军队实施国家统一的会计制度的具体办法，报国务院财政部门备案。

第二章 会计核算

第九条 各单位必须根据实际发生的经济业务事项进行会计核算，填制会计凭证，登记会计账簿，编制财务会计报告。

任何单位不得以虚假的经济业务事项或者资料进行会计核算。

第十条 下列经济业务事项，应当办理会计手续，进行会计核算：

（一）款项和有价证券的收付；

（二）财物的收发、增减和使用；

（三）债权债务的发生和结算；

（四）资本、基金的增减；

（五）收入、支出、费用、成本的计算；

（六）财务成果的计算和处理；

（七）需要办理会计手续、进行会计核算的其他事项。

第十一条 会计年度自公历1月1日起至12月31日止。

第十二条 会计核算以人民币为记账本位币。

业务收支以人民币以外的货币为主的单位，可以选定其中一种货币作为记账本位币，但是编报的财务会计报告应当折算为人民币。

第十三条 会计凭证、会计账簿、财务会计报告和其他会计资料，必须符合国家统一的会计制度的规定。

使用电子计算机进行会计核算的，其软件及其生成的会计凭证、会计账簿、财务会计报告和其他会计资料，也必须符合国家统一的会计制度的规定。

任何单位和个人不得伪造、变造会计凭证、会计账簿及其他会计资料，不得提供虚假的财务会计报告。

第十四条 会计凭证包括原始凭证和记账凭证。

办理本法第十条所列的经济业务事项，必须填制或者取得原始凭证并及时送交会计机构。

会计机构、会计人员必须按照国家统一的会计制度的规定对原始凭证进行审核，对不真实、不合法的原始凭证有权不予接受，并向单位负责人报告；对记载不准确、不完整的原始凭证予以退回，并要求按照国家统一的会计制度的规定更正、补充。

原始凭证记载的各项内容均不得涂改；原始凭证有错误的，应当由出具单位重开或者更正，更正处应当加盖出具单位印章。原始凭证金额有错误的，应当由出具单位重开，不得在原始凭证上更正。

记账凭证应当根据经过审核的原始凭证及有关资料编制。

第十五条 会计账簿登记，必须以经过审核的会计凭证为依据，并符合有关法律、行政法规和国家统一的会计制度的规定。会计账簿包括总账、明细账、日记账和其他辅助性账簿。

会计账簿应当按照连续编号的页码顺序登记。会计账簿记录发生错误或者隔页、缺号、跳行的，应当按照国家统一的会计制度规定的方法更正，并由会计人员和会计机构负责人（会计主管人员）在更正处盖章。

使用电子计算机进行会计核算的，其会计账簿的登记、更正，应当符合国家统一的会计制度的规定。

第十六条 各单位发生的各项经济业务事项应当在依法设置的会计账簿上统一登记、核算，不得违反本法和国家统一的会计制度的规定私设会计账簿登记、核算。

第十七条 各单位应当定期将会计账簿记录与实物、款项及有关资料相互核对，保证会计账簿记录与实物及款项的实有数额相符、会计账簿记录与会计凭证的有关内容相符、会计账簿之间相对应的记录相符、会计账簿记录与会计报表的有关内容相符。

第十八条 各单位采用的会计处理方法，前后各期应当一致，不得随意变更；确有必要变更的，应当按照国家统一的会计制度的规定变更，并将变更的原因、情况及影响在财务会计报告中说明。

第十九条 单位提供的担保、未决诉讼等或有事项，应当按照国家统一的会计制度的规定，在财务会计报告中予以说明。

第二十条 财务会计报告应当根据经过审核的会计账簿记录和有关资料编制，并符合本法和国家统一的会计制度关于财务会计报告的编制要求、提供对象和提供期限的规定；其他法律、行政法规另有规定的，从其规定。

财务会计报告由会计报表、会计报表附注和财务情况说明书组成。向不同的会计资料使用者提供的财务会计报告，其编制依据应当一致。有关法律、行政法规规定会计报表、会计报表附注和财务情况说明书须经注册会计师审计的，注册会计师及其所在的会计师事务所出具的审计报告应当随同财务会计报告一并提供。

第二十一条 财务会计报告应当由单位负责人和主管会计工作的负责人、会计机构负责人（会计主管人员）签名并盖章；设置总会计师的单位，还须由总会计师签名并盖章。

单位负责人应当保证财务会计报告真实、完整。

第二十二条 会计记录的文字应当使用中文。在民族自治地方，会计记录可以同时使用当地通用的一种民族文字。在中华人民共和国境内的外商投资企业、外国企业和其他外国组织的会计记录可以同时使用一种外国文字。

第二十三条 各单位对会计凭证、会计账簿、财务会计报告和其他会计资料应当建立档案，妥善保管。会计档案的保管期限和销毁办法，由国务院财政部门会同有关部门制定。

第三章 公司、企业会计核算的特别规定

第二十四条 公司、企业进行会计核算，除应当遵守本法第二章的规定外，还应当遵守本章规定。

第二十五条 公司、企业必须根据实际发生的经济业务事项，按照国家统一的会计制度的规定确认、计量和记录资产、负债、所有者权益、收入、费用、成本和利润。

第二十六条 公司、企业进行会计核算不得有下列行为：

（一）随意改变资产、负债、所有者权益的确认标准或者计量方法，虚列、多列、不列或者少列资产、负债、所有者权益；

（二）虚列或者隐瞒收入，推迟或者提前确认收入；

（三）随意改变费用、成本的确认标准或者计量方法，虚列、多列、不列或者少列费用、成本；

（四）随意调整利润的计算、分配方法，编造虚假利润或者隐瞒利润；

（五）违反国家统一的会计制度规定的其他行为。

第四章 会计监督

第二十七条 各单位应当建立、健全本单位内部会计监督制度。单位内部会计监督制度应当符合下列要求：

（一）记账人员与经济业务事项和会计事项的审批人员、经办人员、财物保管人员的职责权限应当明确，并相互分离、相互制约；

（二）重大对外投资、资产处置、资金调度和其他重要经济业务事项的决策和执行的相互监督、相互制约程序应当明确；

（三）财产清查的范围、期限和组织程序应当明确；

（四）对会计资料定期进行内部审计的办法和程序应当明确。

第二十八条 单位负责人应当保证会计机构、会计人员依法履行职责，不得授意、指使、强令会计机构、会计人员违法办理会计事项。

会计机构、会计人员对违反本法和国家统一的会计制度规定的会计事项，有权拒绝办理或者按照职权予以纠正。

第二十九条 会计机构、会计人员发现会计账簿记录与实物、款项及有关资料不相符的，按照国家统一的会计制度的规定有权自行处理的，应当及时处理；无权处理的，应当立即向单位负责人报告，请求查明原因，作出处理。

第三十条 任何单位和个人对违反本法和国家统一的会计制度规定的行为，有权检举。收到检举的部门有权处理的，应当依法按照职责分工及时处理；无权处理的，应当及时移送有权处理的部门处理。收到检举的部门、负责处理的部门应当为检举人保密，不得将检举人姓名和检举材料转给被检举单位和被检举人个人。

第三十一条 有关法律、行政法规规定，须经注册会计师进行审计的单位，应当向受委托的会计师事务所如实提供会计凭证、会计账簿、财务会计报告和其他会计资料以及有关情况。

任何单位或者个人不得以任何方式要求或者示意注册会计师及其所在的会计师事务所出具不实或者不当的审计报告。

财政部门有权对会计师事务所出具审计报告的程序和内容进行监督。

第三十二条 财政部门对各单位的下列情况实施监督：

（一）是否依法设置会计账簿；

（二）会计凭证、会计账簿、财务会计报告和其他会计资料是否真实、完整；

（三）会计核算是否符合本法和国家统一的会计制度的规定；

（四）从事会计工作的人员是否具备从业资格。

在对前款第（二）项所列事项实施监督，发现重大违法嫌疑时，国务院财政部门及其派出机构可以向与被监督单位有经济业务往来的单位和被监督单位开立账户的金融机构查询有关情况，有关单位和金融机构应当给予支持。

第三十三条 财政、审计、税务、人民银行、证券监管、保险监管等部门应当依照有关法律、行政法规规定的职责，对有关单位的会计资料实施监督检查。

前款所列监督检查部门对有关单位的会计资料依法实施监督检查后，应当出具检查结论。有关监督检查部门已经作出的检查结论能够满足其他监督检查部门履行本部门职责需要的，其他监督检查部门应当加以利用，避免重复查账。

第三十四条 依法对有关单位的会计资料实施监督检查的部门及其工作人员对在监督检查中知悉的国家秘密和商业秘密负有保密义务。

第三十五条 各单位必须依照有关法律、行政法规的规定，接受有关监督检查部门依法实施的监督检查，如实提供会计凭证、会计账簿、财务会计报告和其他会计资料以及有关情况，不得拒绝、隐匿、谎报。

第五章 会计机构和会计人员

第三十六条 各单位应当根据会计业务的需要，设置会计机构，或者在有关机构中设置会计人员并指定会计主管人员；不具备设置条件的，应当委托经批准设立从事会计代理记账业务的中介机构代理记账。

国有的和国有资产占控股地位或者主导地位的大、中型企业必须设置总会计师。总会计师的任职资格、任免程序、职责权限由国务院规定。

第三十七条 会计机构内部应当建立稽核制度。

出纳人员不得兼任稽核、会计档案保管和收入、支出、费用、债权债务账目的登记工作。

第三十八条 从事会计工作的人员，必须取得会计从业资格证书。

担任单位会计机构负责人（会计主管人员）的，除取得会计从业资格证书外，还应当具备会计师以上专业技术职务资格或者从事会计工作三年以上经历。

会计人员从业资格管理办法由国务院财政部门规定。

第三十九条 会计人员应当遵守职业道德，提高业务素质。对会计人员的教育和培训工作应当加强。

第四十条 因有提供虚假财务会计报告，做假账，隐匿或者故意销毁会计凭证、会计账簿、财务会计报告，贪污，挪用公款，职务侵占等与会计职务有关的违法行为被依法追究刑事责任的人员，不得取得或者重新取得会计从业资格证书。

除前款规定的人员外，因违法违纪行为被吊销会计从业资格证书的人员，自被吊销会计从业资格证书之日起五年内，不得重新取得会计从业资格证书。

第四十一条 会计人员调动工作或者离职，必须与接管人员办清交接手续。

一般会计人员办理交接手续，由会计机构负责人（会计主管人员）监交；会计机构负责人（会计主管人员）办理交接手续，由单位负责人监交，必要时主管单位可以派人会同监交。

第六章　法律责任

第四十二条　违反本法规定，有下列行为之一的，由县级以上人民政府财政部门责令限期改正，可以对单位并处三千元以上五万元以下的罚款；对其直接负责的主管人员和其他直接责任人员，可以处二千元以上二万元以下的罚款；属于国家工作人员的，还应当由其所在单位或者有关单位依法给予行政处分：

（一）不依法设置会计账簿的；

（二）私设会计账簿的；

（三）未按照规定填制、取得原始凭证或者填制、取得的原始凭证不符合规定的；

（四）以未经审核的会计凭证为依据登记会计账簿或者登记会计账簿不符合规定的；

（五）随意变更会计处理方法的；

（六）向不同的会计资料使用者提供的财务会计报告编制依据不一致的；

（七）未按照规定使用会计记录文字或者记账本位币的；

（八）未按照规定保管会计资料，致使会计资料毁损、灭失的；

（九）未按照规定建立并实施单位内部会计监督制度或者拒绝依法实施的监督或者不如实提供有关会计资料及有关情况的；

（十）任用会计人员不符合本法规定的。

有前款所列行为之一，构成犯罪的，依法追究刑事责任。

会计人员有第一款所列行为之一，情节严重的，由县级以上人民政府财政部门吊销会计从业资格证书。

有关法律对第一款所列行为的处罚另有规定的，依照有关法律的规定办理。

第四十三条 伪造、变造会计凭证、会计账簿，编制虚假财务会计报告，构成犯罪的，依法追究刑事责任。

有前款行为，尚不构成犯罪的，由县级以上人民政府财政部门予以通报，可以对单位并处五千元以上十万元以下的罚款；对其直接负责的主管人员和其他直接责任人员，可以处三千元以上五万元以下的罚款；属于国家工作人员的，还应当由其所在单位或者有关单位依法给予撤职直至开除的行政处分；对其中的会计人员，并由县级以上人民政府财政部门吊销会计从业资格证书。

第四十四条 隐匿或者故意销毁依法应当保存的会计凭证、会计账簿、财务会计报告，构成犯罪的，依法追究刑事责任。

有前款行为，尚不构成犯罪的，由县级以上人民政府财政部门予以通报，可以对单位并处五千元以上十万元以下的罚款；对其直接负责的主管人员和其他直接责任人员，可以处三千元以上五万元以下的罚款；属于国家工作人员的，还应当由其所在单位或者有关单位依法给予撤职直至开除的行政处分；对其中的会计人员，并由县级以上人民政府财政部门吊销会计从业资格证书。

第四十五条 授意、指使、强令会计机构、会计人员及其他人员伪造、变造会计凭证、会计账簿，编制虚假财务会计报告或者隐匿、故意销毁依法应当保存的会计凭证、会计账簿、财务会计报告，构成犯罪的，依法追究刑事责任；尚不构成犯罪的，可以处五千元以上五万元以下的罚款；属于国家工作人员的，还应当由其所在单位或者有关单位依法给予降级、撤职、开除的行政处分。

第四十六条 单位负责人对依法履行职责、抵制违反本法规定行为的会计人员以降级、撤职、调离工作岗位、解聘或者开除等方式实行打击报复，构成犯罪的，依法追究刑事责任；尚不构成犯罪的，由其所在单位或者有关单位依法给予行政处分。对受打击报复的会计人员，应当恢复其名誉和原有职务、级别。

第四十七条 财政部门及有关行政部门的工作人员在实施监督管理中滥用职权、玩忽职守、徇私舞弊或者泄露国家秘密、商业秘密，构成犯罪的，依法追究刑事责任；尚不构成犯罪的，依法给予行政处分。

第四十八条 违反本法第三十条规定，将检举人姓名和检举材料转给被检举单位和被检举人个人的，由所在单位或者有关单位依法给予行政处分。

第四十九条 违反本法规定，同时违反其他法律规定的，由有关部门在各自职权范围内依法进行处罚。

第七章 附 则

第五十条 本法下列用语的含义：

单位负责人，是指单位法定代表人或者法律、行政法规规定代表单位行使职权的主要负责人。

国家统一的会计制度，是指国务院财政部门根据本法制定的关于会计核算、会计监督、会计机构和会计人员以及会计工作管理的制度。

第五十一条 个体工商户会计管理的具体办法，由国务院财政部门根据本法的原则另行规定。

第五十二条 本法自2000年7月1日起施行。

中华人民共和国企业所得税法实施条例

（国务院令第512号　2007年12月6日）

第一章　总　　则

第一条　根据《中华人民共和国企业所得税法》（以下简称企业所得税法）的规定，制定本条例。

第二条　企业所得税法第一条所称个人独资企业、合伙企业，是指依照中国法律、行政法规成立的个人独资企业、合伙企业。

第三条　企业所得税法第二条所称依法在中国境内成立的企业，包括依照中国法律、行政法规在中国境内成立的企业、事业单位、社会团体以及其他取得收入的组织。

企业所得税法第二条所称依照外国（地区）法律成立的企业，包括依照外国（地区）法律成立的企业和其他取得收入的组织。

第四条　企业所得税法第二条所称实际管理机构，是指对企业的生产经营、人员、账务、财产等实施实质性全面管理和控制的机构。

第五条　企业所得税法第二条第三款所称机构、场所，是指在中国境内从事生产经营活动的机构、场所，包括：

（一）管理机构、营业机构、办事机构；

（二）工厂、农场、开采自然资源的场所；

（三）提供劳务的场所；

（四）从事建筑、安装、装配、修理、勘探等工程作业的场所；

（五）其他从事生产经营活动的机构、场所。

非居民企业委托营业代理人在中国境内从事生产经营活动的，包括委托单位或者个人经常代其签订合同，或者储存、交付货物等，该营业代理人视为非居民企业在中国境内设立的机构、场所。

第六条 企业所得税法第三条所称所得，包括销售货物所得、提供劳务所得、转让财产所得、股息红利等权益性投资所得、利息所得、租金所得、特许权使用费所得、接受捐赠所得和其他所得。

第七条 企业所得税法第三条所称来源于中国境内、境外的所得，按照以下原则确定：

（一）销售货物所得，按照交易活动发生地确定；

（二）提供劳务所得，按照劳务发生地确定；

（三）转让财产所得，不动产转让所得按照不动产所在地确定，动产转让所得按照转让动产的企业或者机构、场所所在地确定，权益性投资资产转让所得按照被投资企业所在地确定；

（四）股息、红利等权益性投资所得，按照分配所得的企业所在地确定；

（五）利息所得、租金所得、特许权使用费所得，按照负担、支付所得的企业或者机构、场所所在地确定，或者按照负担、支付所得的个人的住所地确定；

（六）其他所得，由国务院财政、税务主管部门确定。

第八条 企业所得税法第三条所称实际联系，是指非居民企业在中国境内设立的机构、场所拥有据以取得所得的股权、债权，以及拥有、管理、控制据以取得所得的财产等。

第二章　应纳税所得额

第一节　一般规定

第九条　企业应纳税所得额的计算，以权责发生制为原则，属于当期的收入和费用，不论款项是否收付，均作为当期的收入和费用；不属于当期的收入和费用，即使款项已经在当期收付，均不作为当期的收入和费用。本条例和国务院财政、税务主管部门另有规定的除外。

第十条　企业所得税法第五条所称亏损，是指企业依照企业所得税法和本条例的规定将每一纳税年度的收入总额减除不征税收入、免税收入和各项扣除后小于零的数额。

第十一条　企业所得税法第五十五条所称清算所得，是指企业的全部资产可变现价值或者交易价格减除资产净值、清算费用以及相关税费等后的余额。

投资方企业从被清算企业分得的剩余资产，其中相当于从被清算企业累计未分配利润和累计盈余公积中应当分得的部分，应当确认为股息所得；剩余资产减除上述股息所得后的余额，超过或者低于投资成本的部分，应当确认为投资资产转让所得或者损失。

第二节　收　　入

第十二条　企业所得税法第六条所称企业取得收入的货币形式，包括现金、存款、应收账款、应收票据、准备持有至到期的债券投资以及债务的豁免等。

企业所得税法第六条所称企业取得收入的非货币形式，包括固定资产、生物资产、无形资产、股权投资、存货、不准备持有至到期的债券投资、劳务以及有关权益等。

第十三条 企业所得税法第六条所称企业以非货币形式取得的收入，应当按照公允价值确定收入额。

前款所称公允价值，是指按照市场价格确定的价值。

第十四条 企业所得税法第六条第（一）项所称销售货物收入，是指企业销售商品、产品、原材料、包装物、低值易耗品以及其他存货取得的收入。

第十五条 企业所得税法第六条第（二）项所称提供劳务收入，是指企业从事建筑安装、修理修配、交通运输、仓储租赁、金融保险、邮电通信、咨询经纪、文化体育、科学研究、技术服务、教育培训、餐饮住宿、中介代理、卫生保健、社区服务、旅游、娱乐、加工以及其他劳务服务活动取得的收入。

第十六条 企业所得税法第六条第（三）项所称转让财产收入，是指企业转让固定资产、生物资产、无形资产、股权、债权等财产取得的收入。

第十七条 企业所得税法第六条第（四）项所称股息、红利等权益性投资收益，是指企业因权益性投资从被投资方取得的收入。

股息、红利等权益性投资收益，除国务院财政、税务主管部门另有规定外，按照被投资方作出利润分配决定的日期确认收入的实现。

第十八条 企业所得税法第六条第（五）项所称利息收入，是指企业将资金提供他人使用但不构成权益性投资，或者因他人占用本企业资金取得的收入，包括存款利息、贷款利息、债券利息、欠款利息等收入。

利息收入，按照合同约定的债务人应付利息的日期确认收入的实现。

第十九条 企业所得税法第六条第（六）项所称租金收入，是指企业提供固定资产、包装物或者其他有形资产的使用权取得的收入。

租金收入，按照合同约定的承租人应付租金的日期确认收入的实现。

第二十条 企业所得税法第六条第（七）项所称特许权使用费收入，是指企业提供专利权、非专利技术、商标权、著作权以及其他特许权的使用权取得的收入。

特许权使用费收入，按照合同约定的特许权使用人应付特许权使用费的日期确认收入的实现。

第二十一条 企业所得税法第六条第（八）项所称接受捐赠收入，是指企业接受的来自其他企业、组织或者个人无偿给予的货币性资产、非货币性资产。

接受捐赠收入，按照实际收到捐赠资产的日期确认收入的实现。

第二十二条 企业所得税法第六条第（九）项所称其他收入，是指企业取得的除企业所得税法第六条第（一）项至第（八）项规定的收入外的其他收入，包括企业资产溢余收入、逾期未退包装物押金收入、确实无法偿付的应付款项、已作坏账损失处理后又收回的应收款项、债务重组收入、补贴收入、违约金收入、汇兑收益等。

第二十三条 企业的下列生产经营业务可以分期确认收入的实现：

（一）以分期收款方式销售货物的，按照合同约定的收款日期确认收入的实现；

（二）企业受托加工制造大型机械设备、船舶、飞机，以及从事建筑、安装、装配工程业务或者提供其他劳务等，持续时间超过12个月的，按照纳税年度内完工进度或者完成的工作量确认收入的实现。

第二十四条 采取产品分成方式取得收入的，按照企业分得产品的日期确认收入的实现，其收入额按照产品的公允价值确定。

第二十五条 企业发生非货币性资产交换，以及将货物、财产、劳务用于捐赠、偿债、赞助、集资、广告、样品、职工福利或者利润分配等用途的，应当视同销售货物、转让财产或者提供劳务，但国务院财政、税务主管部门另有规定的除外。

第二十六条 企业所得税法第七条第（一）项所称财政拨款，是指各级人民政府对纳入预算管理的事业单位、社会团体等组织拨付的财政资金，但国务院和国务院财政、税务主管部门另有规定的除外。

企业所得税法第七条第（二）项所称行政事业性收费，是指依照法律法规等有关规定，按照国务院规定程序批准，在实施社会公共管理，以及在向公民、法人或者其他组织提供特定公共服务过程中，向特定对象收取并纳入财政管理的费用。

企业所得税法第七条第（二）项所称政府性基金，是指企业依照法律、行政法规等有关规定，代政府收取的具有专项用途的财政资金。

企业所得税法第七条第（三）项所称国务院规定的其他不征税收入，是指企业取得的，由国务院财政、税务主管部门规定专项用途并经国务院批准的财政性资金。

第三节　扣　　除

第二十七条　企业所得税法第八条所称有关的支出，是指与取得收入直接相关的支出。

企业所得税法第八条所称合理的支出，是指符合生产经营活动常规，应当计入当期损益或者有关资产成本的必要和正常的支出。

第二十八条　企业发生的支出应当区分收益性支出和资本性支出。收益性支出在发生当期直接扣除；资本性支出应当分期扣除或者计入有关资产成本，不得在发生当期直接扣除。

企业的不征税收入用于支出所形成的费用或者财产，不得扣除或者计算对应的折旧、摊销扣除。

除企业所得税法和本条例另有规定外，企业实际发生的成本、费用、税金、损失和其他支出，不得重复扣除。

第二十九条　企业所得税法第八条所称成本，是指企业在生产经营活动中发生的销售成本、销货成本、业务支出以及其他耗费。

第三十条　企业所得税法第八条所称费用，是指企业在生产经营活动中发生的销售费用、管理费用和财务费用，已经计入成本的有关费用除外。

第三十一条　企业所得税法第八条所称税金，是指企业发生的除企业所得税和允许抵扣的增值税以外的各项税金及其附加。

第三十二条　企业所得税法第八条所称损失，是指企业在生产经营活动中发生的固定资产和存货的盘亏、毁损、报废损失，转让财产损失，呆账损失，坏账损失，自然灾害等不可抗力因素造成的损失以及其他损失。

企业发生的损失，减除责任人赔偿和保险赔款后的余额，依照国务院财政、税务主管部门的规定扣除。

企业已经作为损失处理的资产，在以后纳税年度又全部收回或者部分收回时，应当计入当期收入。

第三十三条 企业所得税法第八条所称其他支出，是指除成本、费用、税金、损失外，企业在生产经营活动中发生的与生产经营活动有关的、合理的支出。

第三十四条 企业发生的合理的工资薪金支出，准予扣除。

前款所称工资薪金，是指企业每一纳税年度支付给在本企业任职或者受雇的员工的所有现金形式或者非现金形式的劳动报酬，包括基本工资、奖金、津贴、补贴、年终加薪、加班工资，以及与员工任职或者受雇有关的其他支出。

第三十五条 企业依照国务院有关主管部门或者省级人民政府规定的范围和标准为职工缴纳的基本养老保险费、基本医疗保险费、失业保险费、工伤保险费、生育保险费等基本社会保险费和住房公积金，准予扣除。

企业为投资者或者职工支付的补充养老保险费、补充医疗保险费，在国务院财政、税务主管部门规定的范围和标准内，准予扣除。

第三十六条 除企业依照国家有关规定为特殊工种职工支付的人身安全保险费和国务院财政、税务主管部门规定可以扣除的其他商业保险费外，企业为投资者或者职工支付的商业保险费，不得扣除。

第三十七条 企业在生产经营活动中发生的合理的不需要资本化的借款费用，准予扣除。

企业为购置、建造固定资产、无形资产和经过12个月以上的建造才能达到预定可销售状态的存货发生借款的，在有关资产购置、建造期间发生的合理的借款费用，应当作为资本性支出计入有关资产的成本，并依照本条例的规定扣除。

第三十八条 企业在生产经营活动中发生的下列利息支出，准予扣除：

（一）非金融企业向金融企业借款的利息支出、金融企业的各项存款利息支出和同业拆借利息支出、企业经批准发行债券的利息支出；

（二）非金融企业向非金融企业借款的利息支出，不超过按照金融企业同期同类贷款利率计算的数额的部分。

第三十九条 企业在货币交易中，以及纳税年度终了时将人民币以外的货币性资产、负债按照期末即期人民币汇率中间价折算为人民币时产生的汇兑损失，除已经计入有关资产成本以及与向所有者进行利润分配相关的部分外，准予扣除。

第四十条 企业发生的职工福利费支出，不超过工资薪金总额14%的部分，准予扣除。

第四十一条 企业拨缴的工会经费，不超过工资薪金总额2%的部分，准予扣除。

第四十二条 除国务院财政、税务主管部门另有规定外，企业发生的职工教育经费支出，不超过工资薪金总额2.5%的部分，准予扣除；超过部分，准予在以后纳税年度结转扣除。

第四十三条 企业发生的与生产经营活动有关的业务招待费支出，按照发生额的60%扣除，但最高不得超过当年销售（营业）收入的5‰。

第四十四条 企业发生的符合条件的广告费和业务宣传费支出，除国务院财政、税务主管部门另有规定外，不超过当年销售（营业）收入15%的部分，准予扣除；超过部分，准予在以后纳税年度结转扣除。

第四十五条 企业依照法律、行政法规有关规定提取的用于环境保护、生态恢复等方面的专项资金，准予扣除。上述专项资金提取后改变用途的，不得扣除。

第四十六条 企业参加财产保险，按照规定缴纳的保险费，准予扣除。

第四十七条 企业根据生产经营活动的需要租入固定资产支付的租赁费，按照以下方法扣除：

（一）以经营租赁方式租入固定资产发生的租赁费支出，按照租赁期限均匀扣除；

（二）以融资租赁方式租入固定资产发生的租赁费支出，按照规定构成融资租入固定资产价值的部分应当提取折旧费用，分期扣除。

第四十八条 企业发生的合理的劳动保护支出，准予扣除。

第四十九条 企业之间支付的管理费、企业内营业机构之间支付的租金和特许权使用费，以及非银行企业内营业机构之间支付的利息，不得扣除。

第五十条 非居民企业在中国境内设立的机构、场所，就其中国境外总机构发生的与该机构、场所生产经营有关的费用，能够提供总机构出具的费用汇集范围、定额、分配依据和方法等证明文件，并合理分摊的，准予扣除。

第五十一条 企业所得税法第九条所称公益性捐赠，是指企业通过公益性社会团体或者县级以上人民政府及其部门，用于《中华人民共和国公益事业捐赠法》规定的公益事业的捐赠。

第五十二条 本条例第五十一条所称公益性社会团体，是指同时符合下列条件的基金会、慈善组织等社会团体：

（一）依法登记，具有法人资格；

（二）以发展公益事业为宗旨，且不以营利为目的；

（三）全部资产及其增值为该法人所有；

（四）收益和营运结余主要用于符合该法人设立目的的事业；

（五）终止后的剩余财产不归属任何个人或者营利组织；

（六）不经营与其设立目的无关的业务；

（七）有健全的财务会计制度；

（八）捐赠者不以任何形式参与社会团体财产的分配；

（九）国务院财政、税务主管部门会同国务院民政部门等登记管理部门规定的其他条件。

第五十三条 企业发生的公益性捐赠支出，不超过年度利润总额12%的部分，准予扣除。

年度利润总额，是指企业依照国家统一会计制度的规定计算的年度会计利润。

第五十四条 企业所得税法第十条第（六）项所称赞助支出，是指企业发生的与生产经营活动无关的各种非广告性质支出。

第五十五条 企业所得税法第十条第（七）项所称未经核定的准备金支出，是指不符合国务院财政、税务主管部门规定的各项资产减值准备、风险准备等准备金支出。

第四节 资产的税务处理

第五十六条 企业的各项资产，包括固定资产、生物资产、无形资产、长期待摊费用、投资资产、存货等，以历史成本为计税基础。

前款所称历史成本，是指企业取得该项资产时实际发生的支出。

企业持有各项资产期间资产增值或者减值，除国务院财政、税务主管部门规定可以确认损益外，不得调整该资产的计税基础。

第五十七条 企业所得税法第十一条所称固定资产，是指企业为生产产品、提供劳务、出租或者经营管理而持有的、使用时间超过12个月的非货币性资产，包括房屋、建筑物、机器、机械、运输工具以及其他与生产经营活动有关的设备、器具、工具等。

第五十八条 固定资产按照以下方法确定计税基础：

（一）外购的固定资产，以购买价款和支付的相关税费以及直接归属于使该资产达到预定用途发生的其他支出为计税基础；

（二）自行建造的固定资产，以竣工结算前发生的支出为计税基础；

（三）融资租入的固定资产，以租赁合同约定的付款总额和承租人在签订租赁合同过程中发生的相关费用为计税基础，租赁合同未约定付款总额的，以该资产的公允价值和承租人在签订租赁合同过程中发生的相关费用为计税基础；

（四）盘盈的固定资产，以同类固定资产的重置完全价值为计税基础；

（五）通过捐赠、投资、非货币性资产交换、债务重组等方式取得的固定资产，以该资产的公允价值和支付的相关税费为计税基础；

（六）改建的固定资产，除企业所得税法第十三条第（一）项和第（二）项规定的支出外，以改建过程中发生的改建支出增加计税基础。

第五十九条 固定资产按照直线法计算的折旧，准予扣除。

企业应当自固定资产投入使用月份的次月起计算折旧；停止使用的固定资产，应当自停止使用月份的次月起停止计算折旧。

企业应当根据固定资产的性质和使用情况，合理确定固定资产的预计净残值。固定资产的预计净残值一经确定，不得变更。

第六十条 除国务院财政、税务主管部门另有规定外，固定资产计算折旧的最低年限如下：

（一）房屋、建筑物，为 20 年；

（二）飞机、火车、轮船、机器、机械和其他生产设备，为 10 年；

（三）与生产经营活动有关的器具、工具、家具等，为 5 年；

（四）飞机、火车、轮船以外的运输工具，为 4 年；

（五）电子设备，为 3 年。

第六十一条 从事开采石油、天然气等矿产资源的企业，在开始商业性生产前发生的费用和有关固定资产的折耗、折旧方法，由国务院财政、税务主管部门另行规定。

第六十二条 生产性生物资产按照以下方法确定计税基础：

（一）外购的生产性生物资产，以购买价款和支付的相关税费为计税基础；

（二）通过捐赠、投资、非货币性资产交换、债务重组等方式取得的生产性生物资产，以该资产的公允价值和支付的相关税费为计税基础。

前款所称生产性生物资产，是指企业为生产农产品、提供劳务或者出租等而持有的生物资产，包括经济林、薪炭林、产畜和役畜等。

第六十三条 生产性生物资产按照直线法计算的折旧，准予扣除。

企业应当自生产性生物资产投入使用月份的次月起计算折旧；停止使用的生产性生物资产，应当自停止使用月份的次月起停止计算折旧。

企业应当根据生产性生物资产的性质和使用情况，合理确定生产性生物资产的预计净残值。生产性生物资产的预计净残值一经确定，不得变更。

第六十四条 生产性生物资产计算折旧的最低年限如下：

（一）林木类生产性生物资产，为 10 年；

（二）畜类生产性生物资产，为 3 年。

第六十五条 企业所得税法第十二条所称无形资产，是指企业为生产产品、提供劳务、出租或者经营管理而持有的、没有实物形态的非货币性长期资产，包括专利权、商标权、著作权、土地使用权、非专利技术、商誉等。

第六十六条　无形资产按照以下方法确定计税基础：

（一）外购的无形资产，以购买价款和支付的相关税费以及直接归属于使该资产达到预定用途发生的其他支出为计税基础；

（二）自行开发的无形资产，以开发过程中该资产符合资本化条件后至达到预定用途前发生的支出为计税基础；

（三）通过捐赠、投资、非货币性资产交换、债务重组等方式取得的无形资产，以该资产的公允价值和支付的相关税费为计税基础。

第六十七条　无形资产按照直线法计算的摊销费用，准予扣除。

无形资产的摊销年限不得低于10年。

作为投资或者受让的无形资产，有关法律规定或者合同约定了使用年限的，可以按照规定或者约定的使用年限分期摊销。

外购商誉的支出，在企业整体转让或者清算时，准予扣除。

第六十八条　企业所得税法第十三条第（一）项和第（二）项所称固定资产的改建支出，是指改变房屋或者建筑物结构、延长使用年限等发生的支出。

企业所得税法第十三条第（一）项规定的支出，按照固定资产预计尚可使用年限分期摊销；第（二）项规定的支出，按照合同约定的剩余租赁期限分期摊销。

改建的固定资产延长使用年限的，除企业所得税法第十三条第（一）项和第（二）项规定外，应当适当延长折旧年限。

第六十九条 企业所得税法第十三条第（三）项所称固定资产的大修理支出，是指同时符合下列条件的支出：

（一）修理支出达到取得固定资产时的计税基础50%以上；

（二）修理后固定资产的使用年限延长2年以上。

企业所得税法第十三条第（三）项规定的支出，按照固定资产尚可使用年限分期摊销。

第七十条 企业所得税法第十三条第（四）项所称其他应当作为长期待摊费用的支出，自支出发生月份的次月起，分期摊销，摊销年限不得低于3年。

第七十一条 企业所得税法第十四条所称投资资产，是指企业对外进行权益性投资和债权性投资形成的资产。

企业在转让或者处置投资资产时，投资资产的成本，准予扣除。

投资资产按照以下方法确定成本：

（一）通过支付现金方式取得的投资资产，以购买价款为成本；

（二）通过支付现金以外的方式取得的投资资产，以该资产的公允价值和支付的相关税费为成本。

第七十二条 企业所得税法第十五条所称存货，是指企业持有以备出售的产品或者商品、处在生产过程中的在产品、在生产或者提供劳务过程中耗用的材料和物料等。

存货按照以下方法确定成本：

（一）通过支付现金方式取得的存货，以购买价款和支付的相关税费为成本；

（二）通过支付现金以外的方式取得的存货，以该存货的公允价值和支付的相关税费为成本；

（三）生产性生物资产收获的农产品，以产出或者采收过程中发生的材料费、人工费和分摊的间接费用等必要支出为成本。

第七十三条 企业使用或者销售的存货的成本计算方法，可以在先进先出法、加权平均法、个别计价法中选用一种。计价方法一经选用，不得随意变更。

第七十四条 企业所得税法第十六条所称资产的净值和第十九条所称财产净值，是指有关资产、财产的计税基础减除已经按照规定扣除的折旧、折耗、摊销、准备金等后的余额。

第七十五条 除国务院财政、税务主管部门另有规定外，企业在重组过程中，应当在交易发生时确认有关资产的转让所得或者损失，相关资产应当按照交易价格重新确定计税基础。

第三章 应纳税额

第七十六条 企业所得税法第二十二条规定的应纳税额的计算公式为：

应纳税额=应纳税所得额×适用税率－减免税额－抵免税额

公式中的减免税额和抵免税额，是指依照企业所得税法和国务院的税收优惠规定减征、免征和抵免的应纳税额。

第七十七条 企业所得税法第二十三条所称已在境外缴纳的所得税税额，是指企业来源于中国境外的所得依照中国境外税收法律以及相关规定应当缴纳并已经实际缴纳的企业所得税性质的税款。

第七十八条 企业所得税法第二十三条所称抵免限额，是指企业来源于中国境外的所得，依照企业所得税法和本条例的规定计算的应纳税额。除国务院财政、税务主管部门另有规定外，该抵免限额应当分国（地区）不分项计算，计算公式如下：

抵免限额＝中国境内、境外所得依照企业所得税法和本条例的规定计算的应纳税总额×来源于某国（地区）的应纳税所得额÷中国境内、境外应纳税所得总额

第七十九条 企业所得税法第二十三条所称5个年度，是指从企业取得的来源于中国境外的所得，已经在中国境外缴纳的企业所得税性质的税额超过抵免限额的当年的次年起连续5个纳税年度。

第八十条 企业所得税法第二十四条所称直接控制，是指居民企业直接持有外国企业20%以上股份。

企业所得税法第二十四条所称间接控制，是指居民企业以间接持股方式持有外国企业20%以上股份，具体认定办法由国务院财政、税务主管部门另行制定。

第八十一条 企业依照企业所得税法第二十三条、第二十四条的规定抵免企业所得税税额时，应当提供中国境外税务机关出具的税款所属年度的有关纳税凭证。

第四章 税收优惠

第八十二条 企业所得税法第二十六条第（一）项所称国债利息收入，是指企业持有国务院财政部门发行的国债取得的利息收入。

第八十三条 企业所得税法第二十六条第（二）项所称符合条件的居民企业之间的股息、红利等权益性投资收益，是指居民企业直接投资于其他居民企业取得的投资收益。企业所得税法第二十六条第（二）项和第（三）项所称股息、红利等权益性投资收益，不包括连续持有居民企业公开发行并上市流通的股票不足12个月取得的投资收益。

第八十四条 企业所得税法第二十六条第（四）项所称符合条件的非营利组织，是指同时符合下列条件的组织：

（一）依法履行非营利组织登记手续；

（二）从事公益性或者非营利性活动；

（三）取得的收入除用于与该组织有关的、合理的支出外，全部用于登记核定或者章程规定的公益性或者非营利性事业；

（四）财产及其孳息不用于分配；

（五）按照登记核定或者章程规定，该组织注销后的剩余财产用于公益性或者非营利性目的，或者由登记管理机关转赠给与该组织性质、宗旨相同的组织，并向社会公告；

（六）投入人对投入该组织的财产不保留或者享有任何财产权利；

（七）工作人员工资福利开支控制在规定的比例内，不变相分配该组织的财产。

前款规定的非营利组织的认定管理办法由国务院财政、税务主管部门会同国务院有关部门制定。

第八十五条 企业所得税法第二十六条第（四）项所称符合条件的非营利组织的收入，不包括非营利组织从事营利性活动取得的收入，但国务院财政、税务主管部门另有规定的除外。

第八十六条　企业所得税法第二十七条第（一）项规定的企业从事农、林、牧、渔业项目的所得，可以免征、减征企业所得税，是指：

（一）企业从事下列项目的所得，免征企业所得税：

1. 蔬菜、谷物、薯类、油料、豆类、棉花、麻类、糖料、水果、坚果的种植；

2. 农作物新品种的选育；

3. 中药材的种植；

4. 林木的培育和种植；

5. 牲畜、家禽的饲养；

6. 林产品的采集；

7. 灌溉、农产品初加工、兽医、农技推广、农机作业和维修等农、林、牧、渔服务业项目；

8. 远洋捕捞。

（二）企业从事下列项目的所得，减半征收企业所得税：

1. 花卉、茶以及其他饮料作物和香料作物的种植；

2. 海水养殖、内陆养殖。

企业从事国家限制和禁止发展的项目，不得享受本条规定的企业所得税优惠。

第八十七条　企业所得税法第二十七条第（二）项所称国家重点扶持的公共基础设施项目，是指《公共基础设施项目企业所得税优惠目录》规定的港口码头、机场、铁路、公路、城市公共交通、电力、水利等项目。

企业从事前款规定的国家重点扶持的公共基础设施项目的投资经营的所得，自项目取得第一笔生产经营收入所属纳税年度起，第一年至第三年免征企业所得税，第四年至第六年减半征收企业所得税。

企业承包经营、承包建设和内部自建自用本条规定的项目，不得享受本条规定的企业所得税优惠。

第八十八条 企业所得税法第二十七条第（三）项所称符合条件的环境保护、节能节水项目，包括公共污水处理、公共垃圾处理、沼气综合开发利用、节能减排技术改造、海水淡化等。项目的具体条件和范围由国务院财政、税务主管部门商国务院有关部门制定，报国务院批准后公布施行。

企业从事前款规定的符合条件的环境保护、节能节水项目的所得，自项目取得第一笔生产经营收入所属纳税年度起，第一年至第三年免征企业所得税，第四年至第六年减半征收企业所得税。

第八十九条 依照本条例第八十七条和第八十八条规定享受减免税优惠的项目，在减免税期限内转让的，受让方自受让之日起，可以在剩余期限内享受规定的减免税优惠；减免税期限届满后转让的，受让方不得就该项目重复享受减免税优惠。

第九十条 企业所得税法第二十七条第（四）项所称符合条件的技术转让所得免征、减征企业所得税，是指一个纳税年度内，居民企业技术转让所得不超过500万元的部分，免征企业所得税；超过500万元的部分，减半征收企业所得税。

第九十一条 非居民企业取得企业所得税法第二十七条第（五）项规定的所得，减按10%的税率征收企业所得税。

下列所得可以免征企业所得税：

（一）外国政府向中国政府提供贷款取得的利息所得；

（二）国际金融组织向中国政府和居民企业提供优惠贷款取得的利息所得；

（三）经国务院批准的其他所得。

第九十二条 企业所得税法第二十八条第一款所称符合条件的小型微利企业，是指从事国家非限制和禁止行业，并符合下列条件的企业：

（一）工业企业，年度应纳税所得额不超过30万元，从业人数不超过100人，资产总额不超过3000万元；

（二）其他企业，年度应纳税所得额不超过30万元，从业人数不超过80人，资产总额不超过1000万元。

第九十三条 企业所得税法第二十八条第二款所称国家需要重点扶持的高新技术企业，是指拥有核心自主知识产权，并同时符合下列条件的企业：

（一）产品（服务）属于《国家重点支持的高新技术领域》规定的范围；

（二）研究开发费用占销售收入的比例不低于规定比例；

（三）高新技术产品（服务）收入占企业总收入的比例不低于规定比例；

（四）科技人员占企业职工总数的比例不低于规定比例；

（五）高新技术企业认定管理办法规定的其他条件。

《国家重点支持的高新技术领域》和高新技术企业认定管理办法由国务院科技、财政、税务主管部门商国务院有关部门制定，报国务院批准后公布施行。

第九十四条 企业所得税法第二十九条所称民族自治地方，是指依照《中华人民共和国民族区域自治法》的规定，实行民族区域自治的自治区、自治州、自治县。

对民族自治地方内国家限制和禁止行业的企业，不得减征或者免征企业所得税。

第九十五条 企业所得税法第三十条第（一）项所称研究开发费用的加计扣除，是指企业为开发新技术、新产品、新工艺发生的研究开发费用，未形成无形资产计入当期损益的，在按照规定据实扣除的基础上，按照研究开发费用的50%加计扣除；形成无形资产的，按照无形资产成本的150%摊销。

第九十六条 企业所得税法第三十条第（二）项所称企业安置残疾人员所支付的工资的加计扣除，是指企业安置残疾人员的，在按照支付给残疾职工工资据实扣除的基础上，按照支付给残疾职工工资的100%加计扣除。残疾人员的范围适用《中华人民共和国残疾人保障法》的有关规定。

企业所得税法第三十条第（二）项所称企业安置国家鼓励安置的其他就业人员所支付的工资的加计扣除办法，由国务院另行规定。

第九十七条 企业所得税法第三十一条所称抵扣应纳税所得额，是指创业投资企业采取股权投资方式投资于未上市的中小高新技术企业2年以上的，可以按照其投资额的70%在股权持有满2年的当年抵扣该创业投资企业的应纳税所得额；当年不足抵扣的，可以在以后纳税年度结转抵扣。

第九十八条 企业所得税法第三十二条所称可以采取缩短折旧年限或者采取加速折旧的方法的固定资产，包括：

（一）由于技术进步，产品更新换代较快的固定资产；

（二）常年处于强震动、高腐蚀状态的固定资产。

采取缩短折旧年限方法的，最低折旧年限不得低于本条例第六十条规定折旧年限的60%；采取加速折旧方法的，可以采取双倍余额递减法或者年数总和法。

第九十九条 企业所得税法第三十三条所称减计收入，是指企业以《资源综合利用企业所得税优惠目录》规定的资源作为主要原材料，生产国家非限制和禁止并符合国家和行业相关标准的产品取得的收入，减按90%计入收入总额。

前款所称原材料占生产产品材料的比例不得低于《资源综合利用企业所得税优惠目录》规定的标准。

第一百条 企业所得税法第三十四条所称税额抵免，是指企业购置并实际使用《环境保护专用设备企业所得税优惠目录》、《节能节水专用设备企业所得税优惠目录》和《安全生产专用设备企业所得税优惠目录》规定的环境保护、节能节水、安全生产等专用设备的，该专用设备的投资额的10%可以从企业当年的应纳税额中抵免；当年不足抵免的，可以在以后5个纳税年度结转抵免。

享受前款规定的企业所得税优惠的企业，应当实际购置并自身实际投入使用前款规定的专用设备；企业购置上述专用设备在5年内转让、出租的，应当停止享受企业所得税优惠，并补缴已经抵免的企业所得税税款。

第一百零一条 本章第八十七条、第九十九条、第一百条规定的企业所得税优惠目录，由国务院财政、税务主管部门商国务院有关部门制定，报国务院批准后公布施行。

第一百零二条 企业同时从事适用不同企业所得税待遇的项目的，其优惠项目应当单独计算所得，并合理分摊企业的期间费用；没有单独计算的，不得享受企业所得税优惠。

第五章　源泉扣缴

第一百零三条　依照企业所得税法对非居民企业应当缴纳的企业所得税实行源泉扣缴的，应当依照企业所得税法第十九条的规定计算应纳税所得额。

企业所得税法第十九条所称收入全额，是指非居民企业向支付人收取的全部价款和价外费用。

第一百零四条　企业所得税法第三十七条所称支付人，是指依照有关法律规定或者合同约定对非居民企业直接负有支付相关款项义务的单位或者个人。

第一百零五条　企业所得税法第三十七条所称支付，包括现金支付、汇拨支付、转账支付和权益兑价支付等货币支付和非货币支付。

企业所得税法第三十七条所称到期应支付的款项，是指支付人按照权责发生制原则应当计入相关成本、费用的应付款项。

第一百零六条　企业所得税法第三十八条规定的可以指定扣缴义务人的情形，包括：

（一）预计工程作业或者提供劳务期限不足一个纳税年度，且有证据表明不履行纳税义务的；

（二）没有办理税务登记或者临时税务登记，且未委托中国境内的代理人履行纳税义务的；

（三）未按照规定期限办理企业所得税纳税申报或者预缴申报的。

前款规定的扣缴义务人，由县级以上税务机关指定，并同时告知扣缴义务人所扣税款的计算依据、计算方法、扣缴期限和扣缴方式。

第一百零七条 企业所得税法第三十九条所称所得发生地，是指依照本条例第七条规定的原则确定的所得发生地。在中国境内存在多处所得发生地的，由纳税人选择其中之一申报缴纳企业所得税。

第一百零八条 企业所得税法第三十九条所称该纳税人在中国境内其他收入，是指该纳税人在中国境内取得的其他各种来源的收入。

税务机关在追缴该纳税人应纳税款时，应当将追缴理由、追缴数额、缴纳期限和缴纳方式等告知该纳税人。

第六章 特别纳税调整

第一百零九条 企业所得税法第四十一条所称关联方，是指与企业有下列关联关系之一的企业、其他组织或者个人：

（一）在资金、经营、购销等方面存在直接或者间接的控制关系；

（二）直接或者间接地同为第三者控制；

（三）在利益上具有相关联的其他关系。

第一百一十条 企业所得税法第四十一条所称独立交易原则，是指没有关联关系的交易各方，按照公平成交价格和营业常规进行业务往来遵循的原则。

第一百一十一条 企业所得税法第四十一条所称合理方法，包括：

（一）可比非受控价格法，是指按照没有关联关系的交易各方进行相同或者类似业务往来的价格进行定价的方法；

（二）再销售价格法，是指按照从关联方购进商品再销售给没有关联关系的交易方的价格，减除相同或者类似业务的销售毛利进行定价的方法；

（三）成本加成法，是指按照成本加合理的费用和利润进行定价的方法；

（四）交易净利润法，是指按照没有关联关系的交易各方进行相同或者类似业务往来取得的净利润水平确定利润的方法；

（五）利润分割法，是指将企业与其关联方的合并利润或者亏损在各方之间采用合理标准进行分配的方法；

（六）其他符合独立交易原则的方法。

第一百一十二条 企业可以依照企业所得税法第四十一条第二款的规定，按照独立交易原则与其关联方分摊共同发生的成本，达成成本分摊协议。

企业与其关联方分摊成本时，应当按照成本与预期收益相配比的原则进行分摊，并在税务机关规定的期限内，按照税务机关的要求报送有关资料。

企业与其关联方分摊成本时违反本条第一款、第二款规定的，其自行分摊的成本不得在计算应纳税所得额时扣除。

第一百一十三条 企业所得税法第四十二条所称预约定价安排，是指企业就其未来年度关联交易的定价原则和计算方法，向税务机关提出申请，与税务机关按照独立交易原则协商、确认后达成的协议。

第一百一十四条 企业所得税法第四十三条所称相关资料，包括：

（一）与关联业务往来有关的价格、费用的制定标准、计算方法和说明等同期资料；

（二）关联业务往来所涉及的财产、财产使用权、劳务等的再销售（转让）价格或者最终销售（转让）价格的相关资料；

（三）与关联业务调查有关的其他企业应当提供的与被调查企业可比的产品价格、定价方式以及利润水平等资料；

（四）其他与关联业务往来有关的资料。

企业所得税法第四十三条所称与关联业务调查有关的其他企业，是指与被调查企业在生产经营内容和方式上相类似的企业。

企业应当在税务机关规定的期限内提供与关联业务往来有关的价格、费用的制定标准、计算方法和说明等资料。关联方以及与关联业务调查有关的其他企业应当在税务机关与其约定的期限内提供相关资料。

第一百一十五条 税务机关依照企业所得税法第四十四条的规定核定企业的应纳税所得额时，可以采用下列方法：

（一）参照同类或者类似企业的利润率水平核定；

（二）按照企业成本加合理的费用和利润的方法核定；

（三）按照关联企业集团整体利润的合理比例核定；

（四）按照其他合理方法核定。

企业对税务机关按照前款规定的方法核定的应纳税所得额有异议的，应当提供相关证据，经税务机关认定后，调整核定的应纳税所得额。

第一百一十六条 企业所得税法第四十五条所称中国居民，是指根据《中华人民共和国个人所得税法》的规定，就其从中国境内、境外取得的所得在中国缴纳个人所得税的个人。

第一百一十七条 企业所得税法第四十五条所称控制，包括：

（一）居民企业或者中国居民直接或者间接单一持有外国企业10%以上有表决权股份，且由其共同持有该外国企业50%以上股份；

（二）居民企业，或者居民企业和中国居民持股比例没有达到第（一）项规定的标准，但在股份、资金、经营、购销等方面对该外国企业构成实质控制。

第一百一十八条 企业所得税法第四十五条所称实际税负明显低于企业所得税法第四条第一款规定税率水平，是指低于企业所得税法第四条第一款规定税率的50%。

第一百一十九条 企业所得税法第四十六条所称债权性投资，是指企业直接或者间接从关联方获得的，需要偿还本金和支付利息或者需要以其他具有支付利息性质的方式予以补偿的融资。

企业间接从关联方获得的债权性投资，包括：

（一）关联方通过无关联第三方提供的债权性投资；

（二）无关联第三方提供的、由关联方担保且负有连带责任的债权性投资；

（三）其他间接从关联方获得的具有负债实质的债权性投资。

企业所得税法第四十六条所称权益性投资，是指企业接受的不需要偿还本金和支付利息，投资人对企业净资产拥有所有权的投资。

企业所得税法第四十六条所称标准，由国务院财政、税务主管部门另行规定。

第一百二十条 企业所得税法第四十七条所称不具有合理商业目的，是指以减少、免除或者推迟缴纳税款为主要目的。

第一百二十一条 税务机关根据税收法律、行政法规的规定，对企业作出特别纳税调整的，应当对补征的税款，自税款所属纳税年度的次年 6 月 1 日起至补缴税款之日止的期间，按日加收利息。

前款规定加收的利息，不得在计算应纳税所得额时扣除。

第一百二十二条 企业所得税法第四十八条所称利息，应当按照税款所属纳税年度中国人民银行公布的与补税期间同期的人民币贷款基准利率加 5 个百分点计算。

企业依照企业所得税法第四十三条和本条例的规定提供有关资料的，可以只按前款规定的人民币贷款基准利率计算利息。

第一百二十三条 企业与其关联方之间的业务往来，不符合独立交易原则，或者企业实施其他不具有合理商业目的安排的，税务机关有权在该业务发生的纳税年度起 10 年内，进行纳税调整。

第七章　征收管理

第一百二十四条 企业所得税法第五十条所称企业登记注册地，是指企业依照国家有关规定登记注册的住所地。

第一百二十五条 企业汇总计算并缴纳企业所得税时，应当统一核算应纳税所得额，具体办法由国务院财政、税务主管部门另行制定。

第一百二十六条 企业所得税法第五十一条所称主要机构、场所，应当同时符合下列条件：

（一）对其他各机构、场所的生产经营活动负有监督管理责任；

（二）设有完整的账簿、凭证，能够准确反映各机构、场所的收入、成本、费用和盈亏情况。

第一百二十七条 企业所得税法第五十一条所称经税务机关审核批准，是指经各机构、场所所在地税务机关的共同上级税务机关审核批准。

非居民企业经批准汇总缴纳企业所得税后，需要增设、合并、迁移、关闭机构、场所或者停止机构、场所业务的，应当事先由负责汇总申报缴纳企业所得税的主要机构、场所向其所在地税务机关报告；需要变更汇总缴纳企业所得税的主要机构、场所的，依照前款规定办理。

第一百二十八条 企业所得税分月或者分季预缴，由税务机关具体核定。

企业根据企业所得税法第五十四条规定分月或者分季预缴企业所得税时，应当按照月度或者季度的实际利润额预缴；按照月度或者季度的实际利润额预缴有困难的，可以按照上一纳税年度应纳税所得额的月度或者季度平均额预缴，或者按照经税务机关认可的其他方法预缴。预缴方法一经确定，该纳税年度内不得随意变更。

第一百二十九条 企业在纳税年度内无论盈利或者亏损，都应当依照企业所得税法第五十四条规定的期限，向税务机关报送预缴企业所得税纳税申报表、年度企业所得税纳税申报表、财务会计报告和税务机关规定应当报送的其他有关资料。

第一百三十条 企业所得以人民币以外的货币计算的，预缴企业所得税时，应当按照月度或者季度最后一日的人民币汇率中间价，折合成人民币计算应纳税所得额。年度终了汇算清缴时，对已经按照月度或者季度预缴税款的，不再重新折合计算，只就该纳税年度内未缴纳企业所得税的部分，按照纳税年度最后一日的人民币汇率中间价，折合成人民币计算应纳税所得额。

经税务机关检查确认，企业少计或者多计前款规定的所得的，应当按照检查确认补税或者退税时的上一个月最后一日的人民币汇率中间价，将少计或者多计的所得折合成人民币计算应纳税所得额，再计算应补缴或者应退的税款。

第八章　附　　则

第一百三十一条　企业所得税法第五十七条第一款所称本法公布前已经批准设立的企业，是指企业所得税法公布前已经完成登记注册的企业。

第一百三十二条　在香港特别行政区、澳门特别行政区和台湾地区成立的企业，参照适用企业所得税法第二条第二款、第三款的有关规定。

第一百三十三条　本条例自 2008 年 1 月 1 日起施行。1991 年 6 月 30 日国务院发布的《中华人民共和国外商投资企业和外国企业所得税法实施细则》和 1994 年 2 月 4 日财政部发布的《中华人民共和国企业所得税暂行条例实施细则》同时废止。

定价成本监审一般技术规范（试行）

（发改价格【2007】1219号　2007年6月5日）

第一条　为合理审核确定定价成本，提高政府价格决策的科学性，根据《中华人民共和国价格法》、《政府制定价格成本监审办法》等法律、行政法规、规章和有关规定，制定本规范。

第二条　本规范为政府价格主管部门对实行政府指导价、政府定价的商品和服务进行成本监审时审核确定定价成本的一般技术规范。具体商品和服务定价成本监审办法另有规定的，从其规定。

第三条　审核确定定价成本应当遵循以下原则：

（一）合法性原则。计入定价成本的各项费用应当符合有关法律、法规和国家统一的会计制度的规定。不符合有关法律、法规和会计制度规定的费用，不得计入定价成本。

（二）相关性原则。计入定价成本的费用，应当与商品或服务生产经营过程直接相关或间接相关。与生产经营过程无关的费用不得计入定价成本。

（三）合理性原则。计入定价成本的费用应当反映生产经营活动正常需要，并按照合理方法和合理标准核算；影响定价成本水平的主要技术、经济指标应当符合行业标准或公允水平。

第四条　审核确定定价成本，应当以经会计师事务所或审计、税务等政府部门审计（审核）的年度财务会计报告以及手续齐备的原始凭证及账册为基础，按照成本监审的有关规定，将经营者成本合理归集核算为定价成本。

经营者成本是指根据经营者财务会计报告确认的成本、费用以及其他相关资料核算得到的某种商品或服务实际生产经营成本。经营者成本不得直接作为定价成本。

第五条 在同一市场区域内有两个或两个以上经营者生产同种商品或者提供同种服务的，应当在监审核定每一个经营者（经营者数量众多的，可以选取一定数量的有代表性的经营者进行监审）成本的基础上，汇总计算所有被监审经营者的平均成本，再根据相关规定对平均成本进行审核后确定定价成本。

在同一市场区域内只有一个经营者的，应当在调查、核实该经营者成本的基础上，根据相关规定进行审核、调整并核定该种商品或服务的定价成本。

第六条 职工人数按下列方法核定：

职工人数定员标准有具体规定的，按照规定的定员标准确定；

职工人数定员标准没有具体规定但存在行业公认的定员标准范围的，应按照定员标准范围和实际生产（供给）能力据实核定。实际职工人数超过定员标准上限的，按定员标准上限核定；实际职工人数低于定员标准下限的，按定员标准下限核定；

职工人数没有定员标准或者原行业定员标准不符合目前实际情况的，可以参照一定范围内或其他地区同类可比企业人均劳动生产率等综合确定。

第七条 计入定价成本的职工平均工资（包括以货币形

式向职工发放的工资、奖金、津贴、补贴等各种报酬）原则上据实核定，但最高不超过以下两个数值中的较低值：

（1）统计部门公布的当地该行业职工平均工资；

（2）当地城镇在岗职工平均工资与行业工资系数的乘积。行业工资系数由各地价格主管部门根据实际情况确定。

职工工资总额按照核定的职工人数和人均工资核定。

因解除与职工的劳动关系给予的补偿按照一定年限分摊列入管理费。

第八条 工会经费、职工教育经费、住房公积金以及医疗保险费、养老保险费、失业保险费、工伤保险费、生育保险费等社会保险费的计提基数按照核定的相应工资水平确定；工会经费、职工教育经费的计提比例按国家统一规定的比例确定，社会保险费和住房公积金的计提比例按当地政府规定比例确定，超过规定计提比例的不得计入定价成本。应在工会经费和职工教育经费中列支的费用，不得在相关费用项目中重复列支。

非货币性福利不计入定价成本。

第九条 原材料、燃料、动力的单位产品消耗数量和管网损耗率等主要技术指标按照行业标准或一定范围内行业内可比企业平均水平确定。没有行业标准或同行业内各企业之间技术指标不可比的，应适当考虑企业实际情况和区域差异等因素，并参照企业历史水平综合确定。

原材料、燃料等购进价格明显高于同期同类产品市场平均价格的，原则上应当按照同期同类产品市场平均价格确定其进货成本。

第十条 固定资产、无形资产等各类资产成本的确定应当遵循历史成本原则。

按规定进行过清产核资的，按财政或国有资产管理部门认定的各类资产价值确认；经营者发生合并、分立等改组活动的，可按经有关政府部门认可的评估价值确定资产成本；其他情况下资产价值均应按照历史成本确定。

第十一条 固定资产折旧方法采用年限平均法（交通等行业可以采用工作量折旧法）。固定资产折旧年限根据固定资产的性质和使用情况合理确定。企业确定的固定资产折旧年限明显低于实际可使用年限时，成本监审时可以根据价格政策目标按照实际可使用年限调整折旧年限。

第十二条 实行特许经营的，固定资产折旧年限按不同情况分别处理：

（一）特许经营期满后资产无偿移交的，固定资产折旧年限最高不超过特许经营期；

（二）特许经营期满后资产有偿转让的，按第十一条规定确定折旧年限。

第十三条 全部或部分由政府补助或社会无偿投入形成的固定资产，其折旧原则上不应计入定价成本，但后续支出可以计入定价成本。如政府允许计提折旧筹集更新改造资金的，该部分固定资产折旧可以计入定价成本，但应当在定价成本核定表中单独反映。

第十四条 无形资产从开始使用之日起，在有效使用期限内分摊计入年度费用中。其中，土地使用权费如果已计入地面建筑物价值且无法分离的，随建筑物提取折旧；其他均按照土地使用权年限分摊。特许经营权费用原则上不得计入定价成本。如政府明文规定允许特许经营权费用计入定价成本的，有特许经营年限的按照特许经营年限分摊计入，没有特许经营年限的按 30 年分摊计入。专利权等其他无形资产，有明确受益期限的按受益年限分摊，未明确受益年限的按 10 年摊销。

第十五条 修理费据实核定。符合下列条件之一的固定资产修理，应视为固定资产改良支出：

（一）一次性发生的修理支出达到该固定资产原值 20% 以上；

（二）经过修理后该项固定资产使用寿命延长；

（三）经过修理后该项固定资产生产能力提高（如使产品质量实质性提高、使产品成本实质性降低）；

（四）经过修理后的固定资产被用于新的或不同的用途。

以经营租赁方式租入的固定资产改良支出，应予资本化，作为长期待摊费用在租赁有效期内平均摊销。自有固定资产改良支出，应当计入固定资产账面价值，并按预计尚可使用年限计提折旧。

第十六条 管理费用中，除职工薪酬按上述有关规定审核外，会议费、交通费、差旅费、水电费等所有其他管理费用原则上按照财务制度和税前扣除的有关规定据实核定，但其总额占营业成本（营业成本指总成本减去管理费用、销售费用、财务费用的余额，下同）的比例不得超过监审年度前三年本地区或更大范围内该行业平均管理费用（扣除职工薪酬）占营业成本的比例。有关价格管理办法规定了管理费用比例的，按照规定比例核定。

第十七条 销售费用中，除职工薪酬按上述有关规定审核外，其他销售费用原则上按照财务制度和税前扣除的有关规定据实核定，但其总额占营业成本的比例不得超过监审年度前三年本地区或更大范围内该行业平均销售费用（扣除职工薪酬）占营业成本的比例。有关价格管理办法规定了销售费用比例的，按照规定比例核定。

第十八条 下列支出不得计入定价成本：

（一）经营者非持续、非正常活动发生的费用；

（二）与监审商品或服务生产经营活动无关的费用；

（三）固定资产盘亏、毁损、闲置和出售的净损失；

（四）滞纳金、违约金、罚款；

（五）公益性捐赠；

（六）公益广告、公益宣传费用；

（七）经营者过度购置固定资产所增加的支出（折旧、修理费、借款利息等）；

（八）向上级公司或管理部门上交的利润性质的管理费用、代上级公司或管理部门缴纳的各项费用、向出资人支付的利润分成以及对附属单位的补助支出等；

（九）虽与监审商品或服务生产经营活动有关、但有专项资金来源予以补偿的费用；

（十）其他不合理支出。

第十九条 允许列入定价成本的其他费用，有关法律法规和国家政策已明确规定核算原则和标准的，按照相关规定审核；没有规定核算原则和标准的，可据实核定，但应符合一定范围内公允水平。

第二十条 经营者获得的与监审商品或服务生产经营有关的政府补助，用于购买固定资产的，按第十三条规定核算；用于补助专门项目的，直接冲减该项费用；未明确规定专项用途的，应当冲减总成本。

第二十一条 经营者生产经营多种产品或服务时，应采取合理的方法分配或分摊多种产品或服务共同发生的费用。

第二十二条 其他业务与主营业务（指从事监审商品和服务生产经营活动的业务）共同使用资产、人员或统一支付费用的，依托主营业务从事生产经营活动的，以及因从事主营业务而获得政府优惠政策的，应当按照其他业务收入净值（指其他业务收入扣除其他业务直接费用后的余额）的一定比例冲减总成本，该比例可按收入比例、直接人员数量（工资）比例、资产占用时间（面积）比例或其他方法合理确定；其他业务收入净值为负值的，直接将其他业务支出冲减总成本。

第二十三条 没有正式营业的，成本监审时应当以有权审批单位审查批准的可行性研究报告和相关批文、批件为基础，参考已正式营业的其他企业同类产品或服务的实际成本，并综合考虑各方面情况和意见，合理测算、核定定价成本。

第二十四条 政府价格主管部门应当参照本规范制定具体商品和服务定价成本监审办法。本规范未列入的项目或未作出具体规定的项目，应当按照有利于维护消费者利益的原则确定核算方法和标准。

第二十五条 本规范由国家发展和改革委员会解释。

第二十六条 本规范自2007年8月1日起施行。

关于促进工业企业加强管理降本增效的若干意见

（工信部财【2009】458号　2009年9月13日）

为应对国际金融危机，2008年下半年以来，党中央、国务院陆续出台了一系列政策措施，形成了一揽子计划，目前已取得积极成效，经济运行企稳向好的势头日趋显现。但由于外部经济环境并未明显好转，国内经济存在着一些深层次矛盾，我国工业企业仍面临严重困难，其中库存积压严重、流动资金紧张、成本费用上升、盈利水平下滑、生产经营困难等问题比较突出。为促进企业提高管理水平，降低成本费用，提高经济效益，保持工业经济平稳较快增长，现就企业加强管理、降本增效工作提出以下意见：

一、充分认识加强管理、降本增效的重要意义。降低成本、提高效益是企业经营管理的重要目标。应对国际金融危机，保持工业经济平稳较快增长，重点在工业、难点在企业。由于管理水平相对落后、经济效益下滑，企业的综合竞争力和抵御市场风险能力受到严重影响。眼睛向内、苦练内功，狠抓成本管理，向管理要效益，对于应对国际金融危机，确保工业经济平稳较快增长，具有重要的现实意义。应充分利用好产业调整和振兴规划以及各项财税金融政策措施，将加强管理、降本增效放在生产经营战略的突出位置，树立现代成本管理理念，抓好成本核算与分析等基础性工作，推进全员、全过程、全方位成本管理与控制，提高经济运行质量和效益，增强核心竞争力。

二、强化全面预算管理，严格控制成本费用。全面推进预算管理工作，将生产经营各个环节纳入预算控制范围，切实做好预算的编制、执行、分析、评估和考核工作，严格控制无预算资金支出。按照各项费用的开支范围、标准和用途做好预算工作，严格履行申请、审核、审批、支付程序。严格控制非生产性开支，压缩办公费、会议费、招待费等管理费用，杜绝奢侈浪费，大力压缩和控制楼、堂、馆、所等非生产性工程项目建设预算。

三、充分利用国家政策，增强产品竞争力。国家已出台一系列稳定出口、扩大内需的政策措施。在及时分析国内外市场变化和趋势的基础上，适时调整经营战略和销售策略，用好各项优惠政策。积极利用提高出口退税政策、扩大人民币国际使用范围以及增大信贷担保等扶持出口政策，扩大出口份额，降低汇兑风险。充分利用“家电下乡”、“汽车下乡”、“农机补贴”、“家电、汽车以旧换新”等政策提高产品竞争力、开拓国内市场，不断改善企业经济效益。

四、强化资金资产管理，防范资本投资风险。注重资金管理，优化资本结构，提高资产运作质量。高度重视应收账款监控和收缴工作，谨慎采用赊销手段，严格执行信用制度，规避经营风险，保障资金安全。加强资金集中管理，努力缩短资金循环周期，加速资金周转，提高资金利用率，降低财务费用。利用好国家适度宽松的货币政策，确定安全合理的资产负债边界，严格控制资本性支出规模。认真分析市场需求，做好生产和销售的有效衔接，避免过早、过量投入。抓住有利时机，按照市场化原则，积极稳妥地推进并购重组，注意和防范资本投资风险。兼并企业重在资源整合，优化业务流程，发挥好规模和协同效应。

五、加大集约采购力度，严格控制采购成本。整合供应链、开展集中采购是降本增效的重要手段。加强横向联合和纵向供应链整合，统筹资金资源，努力做到大宗物资集中采购，严格执行招投标制度，抓好比价采购、网上采购，降低采购成本。同时密切关注国内外相关原材料、产品市场价格走向，确定原材料合理库存，规避市场风险。对于市场成熟的零配件加工业务，充分利用外协生产企业的专业化、规模化，确保产品质量和生产周期，降低产品成本。

六、加强销售管理，降低库存成本。利用好一系列扩内需、保增长的政策措施，开发品种、提高质量、创建品牌、改善服务，采取有效措施开拓市场，促进销售。外向型企业在积极稳定和扩大国际市场份额的同时，要加大国内市场宣传和推广力度，构建国内销售网络，扩大国内市场占有率。加快物流管理体系建设，充分利用物资配送平台，实行即时销售即时配送，提高产销率，控制销售费用，降低库存成本。

七、切实抓好技术改造，降低工程项目成本。紧密结合产业调整和振兴规划，广泛采用新工艺、新技术、新设备和新材料，重点在品种质量、节能降耗、环境保护、装备水平和安全生产等薄弱环节加大改造力度。抓住机遇，增加技术改造配套投入，针对制约企业降低成本的关键环节，优化技术改造方案，集中力量攻关，改造传统生产工艺，淘汰落后产能和设备。强化工程项目成本管理，控制工程采购成本，严格执行工程核算，确定合理工期，节省工程费用，抓好试车投产，切实做到少投入、早产出、多产出。

八、加强信息技术应用，有效改善经营管理。利用先进的信息管理系统，实现生产经营各环节的有效管控，降低生产经营成本，提高效率和效益。推进研发设计的信息化，加快推广应用计算机辅助设计、个性化定制等技术，促进工业产品的更新换代；推进生产过程自动化水平，优化生产流程，减少生产过程资源无效占用和浪费；推进管理信息化，应用企业资源计划、业务流程管理等信息系统，实现资源整合优化、有效利用；加强物流系统信息化建设，充分利用电子商务平台，降低各项费用支出。

九、健全激励约束机制，完善成本控制体系。坚持效益优先原则，实施目标成本管理，针对成本控制的各个环节，落实控制指标和具体要求，向内层层分解到生产经营的各个环节，责任落实到人，并与其切身利益挂钩，建立健全成本控制的激励和约束机制，严格兑现奖惩。开展各环节目标成本分析，进行成本差异调查分析，及时纠正偏差，不断完善成本控制体系。

十、营造良好政策环境，大力提供公共服务。政府部门应积极搭建公共服务平台，为企业加强管理、降本增效提供政策咨询和信息服务。推动落实产业调整和振兴规划，指导企业用好相关政策。地方工业和信息化主管部门要加强本地区工业经济运行的监测和预警，配合相关部门制定落实本地区的各项优惠政策，分类指导、帮助企业解决降本增效工作中遇到的实际困难。配合相关部门，清理和规范各项涉企行政事业收费，减轻企业税费负担。对降本增效成绩突出的企业，给予表彰和鼓励。

十一、发挥行业协会作用，提升企业管理水平。行业协会应深入调查研究本行业企业成本管理情况，分类提出有针对性、指导性、可操作性的目标和措施建议，开展成本、效益对标；向行业内企业发布市场价格变动、物资采购等信息；监测并及时向政府部门反馈本行业经济运行中存在的问题；加强本行业成本管理先进典型经验的宣传、推广、交流，不断提升企业成本管理水平。

后　记

为了指导和帮助企业全面、准确地理解财政部于2013年9月16日发布的《企业产品成本核算制度（试行）》（以下简称《制度》），推动企业全面实施好《制度》，财政部会计司组织编写了《〈企业产品成本核算制度（试行）〉讲解》。本书由负责《制度》起草工作的人员承担具体编写工作，力求做到表述准确、观点明确。本书对《制度》的内容分章进行了全面、系统的解读，对企业产品成本核算的原则、核算对象、核算项目和范围以及成本的归集、分配和结转提供了具体指南和系统讲解。

本书主要由财政部会计司制度二处狄愷、王虹、薛杰等编写，由狄愷处长统稿，财政部会计司副巡视员舒惠好负责总纂和审议，最后由财政部会计司司长杨敏审定。本书的撰写得到了财政部领导的高度重视。

在撰写过程中，中国石油化工股份有限公司、中国机械工业集团公司、中国铁道建筑股份有限公司、中国远洋运输（集团）总公司、中国电信集团公司、中国普天信息产业集团公司、中国中钢集团公司等单位为调研工作提供了大力支持并参与制度起草工作，山东、江西、辽宁、厦门、大连等地的财政厅（局）会计处开展了企业产品成本核算课题研究，在此表示诚挚的谢意！

由于水平有限等原因，书中难免有疏漏或者不当之处，敬请广大读者批评指正。

财政部会计司

2013 年 12 月